OMG!

Catalogage avant publication de Bibliothèque et Archives nationales du Québec et Bibliothèque et Archives Canada

Bourgault, Catherine, 1981-
OMG!
Sommaire : t. 1. Écris-moi si tu peux!
Pour les jeunes.
ISBN 978-2-89585-648-1 (vol. 1)
I. Bourgault, Catherine, 1981- . Écris-moi si tu peux! II. Titre.
PS8603.O946O43 2015 jC843'.6 C2015-941131-9
PS9603.O946O43 2015

Image de couverture : Géraldine Charette

Les Éditeurs réunis bénéficient du soutien financier de la SODEC et du Programme de crédit d'impôt du gouvernement du Québec.

Nous remercions le Conseil des Arts du Canada de l'aide accordée à notre programme de publication.

Financé par le gouvernement du Canada
Funded by the Government of Canada | Canadä

Édition :
LES ÉDITEURS RÉUNIS
www.lesediteursreunis.com

Distribution au Canada :
PROLOGUE
www.prologue.ca

Distribution en Europe :
DNM
www.librairieduquebec.fr

Suivez Les Éditeurs réunis sur Facebook.

Imprimé au Québec (Canada)

Dépôt légal : 2015
Bibliothèque et Archives nationales du Québec
Bibliothèque nationale du Canada
Bibliothèque nationale de France

CATHERINE BOURGAULT

OMG!

1. « Écris-moi si tu peux! »

LES ÉDITEURS RÉUNIS

De la même auteure

Romans jeunesse :

Le Club des Girls – tome 1. Un bal vraiment pas rêvé !, avril 2014.

Le Club des Girls – tome 2. Ennemies jurées !, octobre 2014.

Le Club des Girls – tome 3. Un week-end en ville, janvier 2015.

Le Club des Girls – tome 4. Un été sur la coche !, juin 2015.

Autres titres de Catherine Bourgault :

Comment arranger son homme, mars 2015.

Sortie de filles – tome 1. Parce que tout peut changer en une soirée…, octobre 2013.

Sortie de filles – tome 2. L'enterrement de vie de jeune fille, mars 2014.

Sortie de filles – tome 3. La fin de semaine de camping, août 2014.

Blanc maculé d'une ombre – tome 1, mars 2012.

Blanc maculé d'une ombre – tome 2, novembre 2012.

Blanc maculé d'une ombre – tome 3, septembre 2013.

Catherine Bourgault – Auteure

cath_bourgault

Jamais sans mon iPod!

Prologue

Je déteste le hockey. Encore plus que le brocoli, dont je hais profondément le goût… Ma mère me force à en manger parce que c'est bon pour la santé. Elle a raison, mais ce n'est pas ma faute si les petites graines me lèvent le cœur. Un jour, j'aurai des enfants et je prendrai ma revanche. Ils en boufferont, du brocoli ! *Sinon pas de dessert…*

Bref, pour moi, le hockey, c'est encore pire. Tourner dans tous les sens sur la glace derrière une rondelle ou plaquer l'adversaire d'un coup d'épaule… Franchement, je me demande où est le plaisir. Et l'équipement de hockey, ça pue. Il suffit d'entrer dans une chambre de joueurs pour le savoir ! Je suis appuyée contre la bande, le menton au creux de ma paume. Mon souffle fait des ronds de buée dans la vitre. Tous les joueurs sont sortis de la patinoire depuis plusieurs minutes, sauf un. Le numéro 87. Comme d'habitude ! Il lève son bâton bien haut pour se donner un élan, et puis boum ! Il enfonce la rondelle dans le filet désert. Une fois, deux fois…

La troisième fois, je m'impatiente. Mes patins aux pieds, je retire mes protège-lames avant de sauter sur la patinoire. D'un geste familier, je plante mes griffes dans la surface gelée, les mains sur les hanches.

— Hé ! Ton temps de glace est terminé ! crié-je. Regarde, c'est écrit en gros sur l'affiche juste là, ajouté-je en pointant le doigt vers l'horaire. « Quinze heures trente à seize heures trente : hockey. Seize heures trente à dix-sept heures trente : patinage artistique. »

J'ai insisté sur les deux derniers mots. Il finira peut-être par comprendre un jour. Ou bien il apprendra à lire un tableau ! Les minutes d'entraînement, c'est sacré. Je n'aime pas perdre une seule minute. Surtout pas pour le hockey… J'ai une compétition à préparer, moi ! Et je dois retourner à la maison rapidement ce soir, car c'est mon anniversaire et ma mère prépare des lasagnes, mon plat préféré. Sauce tomate, extra champignons, bacon, fromage. Pas de brocoli ! C'est toujours le même menu à ma fête… Ma mère cuisinera aussi le gâteau au chocolat qu'elle me sert depuis que j'ai soufflé ma première bougie. Le seul qu'elle sait faire. J'ai surtout hâte d'ouvrir mon cadeau, même si la boîte emballée avec du papier décoré de petites fées comme si j'avais encore cinq ans est trop grosse pour être l'iPod que je demande depuis deux ans. J'espère que ce n'est pas encore un journal intime ! Un DVD, peut-être ?

Je n'impressionne pas beaucoup le joueur au numéro 87 avec ma jupette rose et mes gants blancs, car il prend le temps d'exécuter un dernier lancer avant de pivoter vers la sortie. À travers la grille de son casque, je remarque d'abord ses cheveux en sueur collés sur son front. Puis son regard de feu croise le mien. Le garçon me signifie clairement que la glace est son territoire et qu'il ne veut pas le partager. Il freine brusquement devant moi. Je reçois un peu de neige.

— Allez ! Va faire tes pirouettes !

Je tourne le dos. Grrr.

1
Rue des Coteaux

Nous sommes en novembre, mais j'ai l'impression qu'il fait aussi froid qu'en février tellement l'air est humide. Il n'y a plus de feuilles dans les arbres, et les gouttes de pluie qui tombent sur mon nez et mes joues sont glaciales. Bientôt, il neigera. J'enfonce mon cou dans mon coupe-vent tout en marchant aussi rapidement que possible. J'aurais dû mettre mes bottes… et mes gants. Le trajet qui sépare la patinoire de chez moi, je le connais par cœur. Quinze minutes de marche. Parfois un peu plus quand je croise madame Leclerc. Je l'aide avec ses sacs d'épicerie. Ou je m'arrête pour caresser son chien Fonfon, boire une limonade, manger du chocolat… La dame de soixante-dix-huit ans se débrouille seule. Pas de mari, pas d'enfants.

Il fait noir et je suis gelée. De plus, j'éprouve la sensation de reculer au lieu d'avancer. Aujourd'hui, j'ai poussé fort à l'entraînement. Je n'ai pas le choix de travailler beaucoup, car la compétition à Québec se tiendra prochainement et je ne suis pas prête! Mes mouvements manquent de fluidité, j'ai du mal à suivre la musique, mes pieds s'accrochent quand je fais la toupie, je rate mon axel une fois sur trois… Et le fait que le numéro 87 m'a observée de loin pendant plusieurs minutes m'a perturbée! Pourquoi n'est-il pas simplement allé se changer avec les autres dans la chambre qui pue? Il se fout toujours de moi, il m'évite dans les couloirs et ne me regarde jamais! Il aurait dû faire comme d'habitude. Là, je n'arrivais pas à me concentrer.

Je devrai me montrer disciplinée toute la semaine pour rattraper ce retard.

J'ai eu mon premier cours de patinage artistique à l'âge de quatre ans, mais je poussais déjà une chaise sur la patinoire extérieure de la ville depuis un bout de temps. Le patin, c'est toute ma vie. Je n'ai jamais pris de leçons de piano, de dessin ou de danse. Rien d'autre ne m'intéressait. J'ai manqué une seule saison, l'hiver où je me suis cassé une jambe en me bataillant avec mon frère. Moi, je lui avais fracturé le nez. Il m'avait traitée de conne. Je lui en veux encore ! Pas de m'avoir crié des noms, mais pour ma jambe.

Je tourne enfin dans ma rue. Le vent me souffle maintenant dans le dos et je respire mieux. J'avance plus vite aussi, avec mon coupe-vent qui a l'air d'un parachute. Rue des Coteaux, il y a les châteaux des riches d'un côté. De l'autre, les maisons des gens ordinaires s'emboîtent les unes dans les autres. Ma maison est de ce bord-là. Comme celle de Marie-Jade, mon amie d'enfance. Mon ex-BFF. Ce n'est plus pareil avec elle depuis notre entrée au secondaire l'année dernière. Encore moins depuis qu'elle sort avec le pot de colle à Laurent Beauchamps. Ce dernier la suit partout – jusqu'à la porte des toilettes, où il l'attend, les mains jointes dans le dos ! Il n'est même pas beau avec ses bras trop longs et sa casquette placée de travers. Puisque, maintenant, le seul et unique sujet de conversation de mon amie est son chum, on ne se comprend plus. Ça me fait de la peine.

Je dépasse la maison des Caron – encore du côté des gens ordinaires – où je vais souvent garder. Quelques mètres plus loin, c'est la mienne. Une bombe de couleur entre deux bâtisses de tôle délabrées. Il y a de la lumière ! Je grimpe les marches deux à deux.

2
Bonne fête!

La poignée étant difficile à manœuvrer, je dois forcer pour la tourner. Je claque la porte. Une bourrasque de vent entre avec moi, faisant valser le rideau de la fenêtre. Mmm! Ça sent bon!

— C'est moi!

Samuel passe la tête dans le vestibule, où je me trouve, les pieds emmêlés dans une montagne de bottes et de chaussures. Nous ne sommes que trois à habiter ici, mais en voyant notre tapis d'entrée n'importe qui pourrait croire que nous sommes vingt-cinq. Sur le banc, il y a déjà des foulards, des gants, des manteaux. J'ajoute mes choses sur le dessus de la pile.

— Bonne fête, la petite Iris! me lance mon frère en m'ébouriffant les cheveux.

Grrr. Je le repousse à coup de claques sur l'épaule. Je déteste quand Sam fait ça! D'ailleurs, il le sait très bien. Ma mère apparaît à son tour avec son air de «j'ai de la broue dans le toupet». Le linge à vaisselle replié sur son bras me fait sourire. Quel look! Julie ne cuisine pas souvent – seulement lors d'occasions spéciales. Pour elle, préparer des lasagnes, c'est de la gastronomie.

— Allô, ma chérie! Comment s'est passé ton entraînement?

— Bien.

À part le joueur de hockey baveux qui m'a fait rater presque dix minutes de temps de glace… Je trouverai bien le moyen de lui rendre la pareille !

— J'espère que tu as faim ! lance-t-elle, excitée.

Mon frère me chuchote à l'oreille :

— Elle a fait une montagne de lasagnes. On va en manger pendant trois semaines !

— J'ai entendu, Sam ! gronde maman.

Je suis ma famille jusqu'à la cuisine, c'est-à-dire la pièce d'à côté. Chez moi, c'est plutôt simple : cuisine, salon, salle de bain. Les chambres sont à l'étage.

Wow ! Des ballons de toutes les couleurs flottent un peu partout. Samuel se tape fièrement la poitrine.

— C'est mon idée !

Je lui souris. Qu'est-ce que je l'aime, mon grand frère ! Je l'adore, même si, parfois – OK, souvent ! –, il est un peu trop espiègle… Il a seize ans, mais il est aussi grand qu'un adulte. Et aussi fort qu'un homme. Puisque notre père nous a abandonnés lorsque j'étais bébé, il est mon modèle masculin. Ce héros me console lorsque quelqu'un me fait de la peine, et il me rassure quand j'ai peur ou que je doute. Sam est particulièrement beau, ce soir ! Il a enlevé sa tuque noire qu'il porte même en été parce que ça lui donne du style. Il est plus artiste bohème que sportif, comme moi. Il joue de la batterie, danse le hip-hop, dort avec ses écouteurs sur les oreilles. Au grand désespoir de ma mère, il veut devenir chanteur ! D'ailleurs, il fait des vidéos de lui qu'il met sur YouTube.

La table est mise. Trois assiettes, trois fourchettes, trois verres. Le lait et le jus sont déjà sortis. Tout est comme d'habitude. Et aucun invité-surprise ne figure au programme. Je ne suis pas étonnée, car notre seule famille, c'est le frère de ma mère – il vit à Trois-Perchaudes. Mais j'avais un mince espoir que Marie-Jade passerait faire son tour… Elle n'a jamais raté un anniversaire depuis qu'on se connaît. Même à l'école aujourd'hui, zéro « Bonne fête ! » de sa part. Elle a peut-être oublié. *Ouais, c'est ça.*

Je m'assois à ma place habituelle, à côté de mon frère. Il pose son bras sur le dossier de ma chaise.

— Déjà quatorze ans, ma petite sœur !

Ma mère s'immobilise. Elle tient le plat de lasagnes brûlant entre ses mains, protégées par les mitaines de four.

— Mon bébé a quatorze ans… Ça me donne un coup de vieux !

Ses yeux bleus sont tristes, son sourire est nostalgique. Depuis mes cinq ans, elle me sert le même discours à tous mes anniversaires.

— Ah ! maman !

Se balançant sur les pattes arrière de sa chaise, mon frère rit.

— Allez ! On les bouffe, ces lasagnes, oui ou non ? J'ai une faim de loup !

— Oui ! Et j'ai hâte d'ouvrir mon cadeau !

3

L'heure des cadeaux

J'ai mangé deux portions de lasagnes et de gâteau au chocolat. J'ai de la difficulté à respirer et je ne suis pas certaine d'arriver à marcher tellement mon estomac est lourd. J'ai soufflé sur les quatorze bougies, et ma mère et mon frère m'ont chanté *Bonne fête* de manière un peu cacophonique. Maintenant, je pianote sur la table en regardant Sam engloutir sa troisième part de gâteau et son quatrième verre de lait. Il ne fait que ça, manger, dans la vie. En plus, il prend tout son temps aujourd'hui ! Son index trempe dans un restant de glaçage. D'un geste vif, son doigt atterrit sur le bout de mon nez.

— J'ai fini. Tu peux aller chercher ton cadeau !

Je m'essuie le nez. Puis je bondis en léchant le glaçage sur mes doigts. Ouf ! J'ai trop mangé, je vais vomir… Ma mère me tend le paquet emballé d'un papier rose avec des fées imprimées dessus.

— Bonne fête, mon bébé !

— Merciii !

Je secoue la boîte. Rien. Je la tourne entre mes mains, le cœur battant. Je veux tellement que ce soit un iPod ! Tout le monde à l'école en possède un. Moi aussi, je veux faire des *selfies* ! Je veux regarder des vidéos, discuter avec mes amies sur Messenger, mettre des photos sur Instagram… Mais je sais qu'un tel appareil coûte cher. Ma mère ne gagne pas un gros salaire comme serveuse dans un restaurant.

Une grande part de son argent va dans mes compétitions de patin. Je me prépare mentalement à avoir l'air surprise et contente, peu importe le contenu de la boîte – même si c'est un journal intime. *Mon Dieu, faites que ce soit un iPod.*

Lorsque je suis enfin sur le point de déchirer le papier, mon frère m'arrête.

— Bon, comme tu le sais, je n'ai pas une cenne pour t'acheter un cadeau de petite fille, mais je ferai ton tour de vaisselle toute la semaine.

Avec sa fourchette, Sam gruge encore quelques bouchées de chocolat à même le gâteau, posé au centre de la table. Moi, je déteste le brocoli, mais mon frère déteste encore plus laver la vaisselle ! C'est très généreux de sa part. Je passe mes bras autour de son cou et le serre fort.

— Wow ! Merci ! Je vais cuisiner beaucoup cette semaine, je crois.

— Hé là, toi ! grogne-t-il, les dents serrées et le coin des lèvres barbouillé de chocolat.

Maman tape des mains.

— Et mon cadeau, tu l'ouvres ? me demande-t-elle.

Bien sûr ! Je tire sur le papier collant fixé aux extrémités de la boîte. Ma mère a la manie d'en mettre trop, alors c'est long à déballer – surtout que mes ongles sont courts. Sam finit par s'impatienter ; il me tend un couteau. J'aperçois enfin une boîte de Jos Louis. Ce n'est pas l'emballage original – du moins, je l'espère ! Les gâteaux Vachon, c'est bon, mais…

Il y a encore beaucoup de papier collant.

Suspense.

À l'intérieur du paquet, je découvre un DVD du film *Nos étoiles contraires*. Même si je m'étais préparée à faire semblant d'être contente, je n'y arrive pas. J'adore ce film, oui, mais ce n'est pas le cadeau tant espéré. Le silence règne autour de la table. Ma mère et mon frère attendent une réaction de ma part. Je prends une grande respiration.

— *Cool*...

— C'est tout? s'étonne maman. Je pensais que c'était ton préféré?

Ce n'est pas parce que l'affiche est accrochée dans ma chambre et que j'ai lu le livre trois fois que c'est mon film préféré... OK, bon, je l'avoue: c'est le cas. Je craque pour Ansel Elgort. Je pourrai user le DVD dans mon lecteur, réécouter encore et encore mes scènes fétiches. Mais... mais...

— Merci, maman. Je l'aime beaucoup.

Sam pince les lèvres. Il se retient pour ne pas éclater de rire.

— Quoi? m'écrié-je.

— Regarde à l'intérieur!

Ah! Il n'y a pas de pellicule plastique autour de la pochette, comme si le film était usagé. Je l'ouvre. Quelque chose tombe sur la table.

— *Oh my God! Oh my God!*

Une bouffée de chaleur envahit tout mon corps et j'ai les larmes aux yeux. Je bats des cils pour les contenir. Je n'arrive pas à y croire. Je l'ai enfin! MON iPod repose au creux de ma main. Je le tourne dans tous les sens. C'est le plus beauuuu! Il est noir avec un étui bleu. Je contourne la table au pas de course – j'oublie que mon estomac trop plein me coupe le souffle. Dans mon énervement, je fais tomber une chaise. J'attrape le cou de ma mère, manque de l'étouffer… Elle doit se retenir à la table pour ne pas basculer sur le dos.

— Doucement, ma chérie !

— Merci, maman ! Il est trop *hot* !

4
Un iPod usagé

Je dépose précieusement l'iPod sur mon lit, comme s'il pouvait facilement se briser. Je suis très contente de mon cadeau jusqu'à ce que ma mère tempère ma joie. Pendant que Sam malmène la vaisselle sale dans l'évier en rageant contre le fromage collé dans les assiettes, ma mère vient me rejoindre. Elle pointe l'iPod.

— Il fait ton bonheur ?

— Oui ! Il est trop chouette !

— Je n'ai qu'une chose à dire : je te veux sur une marche du podium à la prochaine compétition. Sinon plus d'iPod. On se comprend bien, Iris ?

Il n'y a rien à discuter. *C'est ça qui est ça.* Je m'assois sur mon lit en soupirant. Mon regard se perd sur les médailles accrochées à un des murs. Il y en a beaucoup… Bronze, argent, or. Il y a des certificats aussi ! C'est plutôt rare que je ne me classe pas parmi les premières. Et même si ce n'est pas le cas, ma mère ne sait-elle pas que je me défonce chaque fois pour être la meilleure ? Que je gagne ou non, je donne toujours mon maximum ! Mais d'après ce qu'elle vient de me dire, je devrai fournir davantage d'efforts si je veux garder mon iPod. Julie a l'habitude d'aller au bout de ses menaces. « Cesse de t'énerver à table, Sam. Sinon tu n'auras pas de dessert ! » Je songe au nombre de fois où mon frère m'a regardée manger mes biscuits Oreo en pleurant.

Pourtant, un cadeau d'anniversaire, c'est gratuit, non? Pourquoi offrir une surprise si c'est pour la reprendre plus tard? Pfff. Il me semblait bien que c'était trop beau pour être vrai. Je lui montrerai, à maman, que je mérite cet appareil! Je vais tout remporter; elle n'a encore rien vu!

C'est n'importe quoi! Depuis qu'elle m'a dit ça, comme une douche d'eau froide sur mon volcan de joie, j'ai une boule dans la poitrine. En plus, le gâteau au chocolat pèse sur mon estomac. C'est lourd. Je ne dois pas trop y penser; sinon mon cœur palpite et ma respiration s'accélère. Je suis la meilleure du club de patinage artistique dans ma catégorie, je sais que je suis capable de grandes choses – même si, depuis quelque temps, la pression me fait tout rater. Comme le mois dernier à Montréal... Sixième position. Une vraie honte! J'ai chuté sans raison pendant l'exécution de mon arabesque et un trou de mémoire m'a fait sauter une partie de mon programme. J'en ai pleuré pendant deux jours.

Je me secoue. Je vais y arriver! Il le faut bien. Pour l'instant, c'est ma fête et j'ai ENFIN un iPod. C'est tout ce qui compte. Entendre Sam en bas se plaindre qu'il déteste laver des fourchettes et des couteaux croûtés me redonne le sourire. Je m'allonge à plat ventre sur mon lit et appuie sur le bouton magique de l'appareil. J'espère qu'il est chargé!

Bingo! Un fond d'écran apparaît. Une pleine lune. Ah!... C'est joli.

Il y a plusieurs icônes, ce qui m'étonne. Mon amie Emma m'a déjà raconté qu'il fallait procéder à une tonne de réglages avant de pouvoir utiliser un iPod neuf. Il ne me demande pas si je veux un mot de passe? Moi qui m'en avais choisi un! Je glisse mon doigt sur la vitre et repère le WiFi. J'entre le code facilement. Ça fait des mois que je le répète le soir avant de m'endormir, comme une prière dans l'espoir de recevoir en cadeau un iPod. Après tout, Sam a le sien depuis longtemps…

Je suis agacée par les trois coups frappés à ma porte. Grrr. Je veux jouer avec mon nouveau jouet! Du coin de l'œil, je vois une tête châtaine apparaître dans l'ouverture.

— Entrez! crié-je.

— Coucou!

— Emma!

Je brandis mon cadeau.

— Regarde!

— Oh! Tu l'as eu! s'exclame-t-elle avant de faire quelques pas de danse.

— Ouiii!

Excitée, mon amie saute dans mes bras. Mon nez cogne son épaule. Ouille! On dirait qu'on vient de gagner le gros lot.

— On pourra enfin t'installer Messenger!

Emma est ma nouvelle voisine d'en face. Du côté des riches… De ma chambre, j'ai vue sur sa propre chambre. Sa famille est arrivée en septembre, juste au moment où Marie-Jade me tournait le dos pour Laurent aux grandes dents. Je vivais une peine, et Emma ne connaissait personne. Nous avions commencé à nous rendre ensemble à l'école, puis à manger à la même table à la cafétéria le midi. Maintenant, on ne se lâche plus! Il faut dire que, l'été dernier, on s'était croisées dans un camp de vacances. Je l'adore!

— Moi aussi, j'ai un cadeau pour toi ! m'annonce-t-elle en souriant.

Ses cheveux d'ange descendent de chaque côté de son visage mince. Elle est du genre petits pots de crème et coiffure tendance. Moi, je ne connais rien à tout ça ! Je m'en tiens au shampoing d'épicerie et au savon Ivory. L'autre fois, Emma a peint mes ongles en rose, mais je ne suis pas certaine d'avoir aimé ça.

— Ah oui ?

Un minuscule sac-cadeau pend au bout de ses doigts. Pas du vernis à ongles, j'espère ? Je tire sur le papier de soie. Oh ! C'est un bracelet… Il est mauve et comporte l'inscription « Club4ever ». Je comprends aussitôt ce que ça veut dire. Ça me fait tout drôle en dedans.

— C'est le bracelet du Club des Girls ?

Emma hoche la tête.

— Wow ! soufflé-je en passant le bijou à mon poignet. Vous m'invitez à joindre le Club ?

— Les filles sont d'accord, précise Emma. Notre cercle s'agrandit avec nos nouvelles amies !

Le Club des Girls, c'est quatre filles super. Je les ai toutes rencontrées au camp des Trois-Perchaudes. Il y en a même une qui a un nom de fleur aussi particulier que le mien : elle s'appelle Marguerite Lafleur. Toutefois, je pense qu'Iris Lépine est encore pire. Les girls sont maintenant dispersées à cause de leurs déménagements respectifs, mais le Club est toujours bien vivant. Il a même une page Facebook[1]. C'est trop *cool* d'en faire partie !

— Merci ! Vous êtes vraiment fines !

Emma me dit souvent qu'elle s'ennuie de ses copines. D'ailleurs, je l'écoute avec beaucoup de plaisir me raconter les folles aventures presque incroyables du quatuor. Cela me donne un petit peu l'impression de connaître mieux ses amies. Un bal vraiment pas rêvé, un tournoi de volley-ball éprouvant, une ennemie jurée, un week-end en ville qui tourne mal… J'aurais aimé vivre tout ça avec elles ! Emma avait un chum là-bas, mais ça n'a pas fonctionné longtemps à distance.

— Bon, cet iPod, on le regarde ? propose-t-elle.

Évidemment, elle me le prend des mains. Elle fait toujours ça quand je ne réagis pas assez vite à son goût ! Avec Emma, il faut que ça roule ; il n'y a pas de temps à perdre. Quelques secondes plus tard, elle fronce les sourcils et incline la tête sur le côté – comme si ça l'aidait à réfléchir.

— Quoi ? lancé-je.

— Attends une minute…

---

1. Rejoins la page Facebook du Club des Girls : Catherine Bourgault – Auteure. Tu aimerais avoir le même bracelet qu'Emma et Iris ? Fais dédicacer ton livre par l'auteure et elle se fera un plaisir de te le remettre. Consulte régulièrement le site Internet de Catherine pour connaître les endroits où tu peux la rencontrer : www.catherinebourgault.com/jeunesse. Pour tout savoir sur le Club, on t'invite à lire la série *Le Club des Girls* de la même auteure !

Mon amie examine l'appareil sous toutes ses coutures. Ensuite, elle l'approche de son visage et scrute la vitre en la grattant avec son doigt.

— Il y a un truc qui cloche ! clame-t-elle. Tu es certaine qu'il est neuf ? Il y a des égratignures sur l'écran.

Ma « balloune » de joie pète d'un coup. Pouf ! Sceptique, je me penche pour mieux voir ce qu'Emma me pointe de son ongle bleu. Mais non, c'est sûrement une poussière. Ma mère ne m'a sûrement pas acheté un iPod usagé, quand même… Merde ! Emma a raison : la vitre n'est pas parfaite. Elle est même un peu sale. En regardant de plus près l'étui, je remarque qu'il est usé sur le côté.

— Je ne sais pas où ma mère l'a acheté.

À bien y penser, ce ne serait pas étonnant qu'elle l'ait pris dans un magasin vendant de l'usagé. Elle n'a pas beaucoup d'argent. Bon, ce n'est pas si grave, que j'essaie de me convaincre devant mon amie riche qui change sûrement d'iPod tous les ans et qui collectionne les étuis de toutes les couleurs pour les agencer à ses vêtements. Au moins, maintenant, j'ai un iPod, moi aussi.

Emma pianote si vite sur l'écran que j'ai du mal à suivre ce qu'elle fait. Après ce qui me semble une éternité, elle me regarde la bouche ouverte. Je constate alors l'absence de plombage sur ses belles dents blanches et droites.

— Quoi encore ?

— Non seulement ton iPod est usagé, mais il n'a pas été réinitialisé !

Mon cœur bat aussi vite que si elle venait de m'annoncer qu'une bombe allait sauter. En fait, à voir sa tête, ça a presque l'air de ça.

— Qu'est-ce que ça veut dire ? demandé-je, me sentant totalement nulle.

En réalité, je n'ai pas le goût de perdre du temps à réfléchir. *Allez, parle !* Emma passe rapidement le bout de sa langue sur ses lèvres pour les humecter avant de cracher le morceau :

— C'est simple : ça veut dire que, dans l'appareil, il reste des photos, des vidéos, de la musique qui appartiennent à l'ancien propriétaire de ton iPod.

Oh my God !

5
Quelque part dans la rue des Coteaux

Dans la rue des Coteaux, du côté des riches, Jacob Cloutier remonte l'allée pavée de sa résidence, son sac de hockey sur le dos. La Mercedes de son père n'est pas là, et la maison est plongée dans le noir. Étienne travaille encore ce soir. L'adolescent remarque que le courtier immobilier est passé ; une pancarte rouge et bleu est plantée au milieu des fleurs mortes du parterre. Un décor d'automne déprimant. C'est maintenant officiel : ils déménageront. Jacob sort une clé de la poche de son jeans, la tourne dans la serrure, puis il désactive le système d'alarme en entrant le code. Eurk ! Une odeur de Hertel flotte dans l'air. La femme de ménage est passée.

Le sac de hockey fait du bruit en tombant sur la céramique. Jacob soupire. Un entraînement de merde aujourd'hui, marqué par un manque d'énergie, de précision et de fluidité. Il doit travailler plus fort, être le meilleur ! En plus, une fille en jupette rose avec des brillants l'a chassé de la patinoire pour faire des arabesques !

Le jeune homme fonce à la cuisine en allumant les lumières une à une sur son chemin. D'un geste brusque, il tire sur la poignée en acier inoxydable du frigo. Celui-ci expose son contenu vide. Buvant à même la pinte de lait, Jacob s'adosse contre la porte pour la refermer. Il songe à l'éternel discours de son père : « Tu marques un but par match ; sinon plus d'iPod ni d'Internet. » Étienne était sérieux. Après trois matchs sans toucher le fond du filet, Jacob ne trouve plus son iPod et le code d'accès du WiFi a été changé. « N'oublie pas que tu as le numéro de Sidney Crosby sur ton chandail. » « Ce n'est pas parce qu'on a le numéro 87 collé dans le dos qu'on a de meilleures mains ! » aurait-il voulu répliquer à son père. Étienne ne lui a pas seulement coupé Internet ; maintenant, les sorties entre amis lui sont également interdites.

Jacob regagne l'entrée d'une démarche assurée. Il ouvre son sac pour en sortir quelques rondelles, puis il saisit son bâton. Il faut travailler encore, car c'est la seule façon de s'améliorer ! Il dévale l'escalier qui mène au sous-sol. Là, l'adolescent peut faire des tirs au but autant qu'il le désire.

6

À qui appartenait l'iPod d'Iris ?

— Tu es en train de me dire que les photos de quelqu'un d'autre sont dans MON iPod ? m'écrié-je en tentant d'arracher l'appareil des mains de mon amie.

Emma résiste.

— Laisse-moi l'examiner encore !

Je tire plus fort. On a l'air de deux enfants de trois ans qui se disputent pour un jouet. Si elle ne lâche pas, je lui tirerai les cheveux et lui grifferai les joues ! On finit par éclater de rire, et Emma abandonne la partie. Nous nous trouvons toutes les deux à plat ventre sur mon lit, appuyées sur nos coudes. Nos cheveux se mélangent tellement nous sommes collées. L'iPod repose devant nous. Soudain, ni Emma ni moi n'osons le toucher. Fouiller dans cet appareil, c'est comme fouiner dans la vie d'un étranger. Il me semble que ça ne se fait pas…

Évidemment, ma bonne conscience dure un gros dix secondes.

J'échange un sourire complice avec mon amie. On veut tout savoir ! L'appareil appartenait-il à un garçon ou à une fille ? Cet individu était-il jeune ou vieux ? Beau ou laid ? Emma ouvre le dossier des photos de l'iPod. Il n'y a pas beaucoup de clichés.

Elle émet une de ses grandes théories :

— Donc il appartenait à un gars.

— Pourquoi dis-tu ça ?

— C'est évident, non ? Les filles passent leur temps à faire des *selfies*, à photographier ce qu'elles mangent au resto. As-tu déjà vu un gars prendre son steak et ses patates pilées en photo, toi ?

Je rigole parce que Emma adore photographier son lunch du midi, son nouveau vernis à ongles, son chaton…

— Tu as sans doute raison !

Je passe mon doigt sur un fichier qui m'intrigue : « Fête de T. ». Le titre n'est pas très révélateur. Emma fait défiler une dizaine de photos d'adolescents qui font des grimaces ou des yeux croches. L'un forme avec ses doigts des oreilles de lapin à une fille pour se moquer ; un autre, qui porte un chandail des Canadiens, a le pouce dans les airs. Il y a aussi quelques images d'une fête d'amis dans un sous-sol. Impossible de savoir si le – ou la – propriétaire de l'iPod se trouve sur ces clichés. Aucun nom n'accompagne les photos. Rien n'indique s'il s'agit d'un garçon ou d'une fille.

Bon…

Une seule photo n'est classée dans aucun dossier : un portrait d'école classique. Le prénom « Céleste » est écrit en dessous. L'étudiante est une belle fille aux cheveux très longs et aux yeux bruns rieurs, comme si quelqu'un faisait le clown derrière l'objectif.

— L'iPod lui appartient peut-être ? suggéré-je.

— Peut-être…

Une certaine tension est perceptible pendant que nous fixons la photo. Emma et moi commençons même à chuchoter. Nous avons l'impression qu'à tout moment la personne propriétaire pourrait nous surprendre en train de fouiller dans ses affaires. Lorsque des coups retentissent à la porte de ma chambre, nous sursautons de dix centimètres en criant. Nous ressemblons à deux petites filles prises en flagrant délit.

Maman passe la tête dans l'entrebâillement.

— C'est juste moi!

— Ouf! Tu nous as fait peur!

— Madame Caron a téléphoné.

Oh non!

— Elle a besoin d'une gardienne pour quelques heures, m'informe ma mère. Je sais que c'est ta fête, mon bébé, mais on ne peut pas cracher sur l'argent.

Je serre les dents. Un peu plus et je me mettrais à grogner. Je DÉ-TES-TE quand elle dit devant des gens qu'on ne roule pas sur l'or. C'est vrai que nous ne sommes pas riches, mais nous ne sommes pas malheureux! Inutile de dévoiler nos petites misères à la terre entière. Surtout devant ma nouvelle amie Emma qui a une salle de bain privée dans sa chambre et qui ne porte que des vêtements griffés.

Je soupire. Ma mère a toujours aimé faire pitié.

— OK, j'y vais.

— Je pourrais aller garder avec toi? propose Emma. Après tout, c'est ta fête.

Maman hausse les épaules.

— Je ne pense pas que ça dérangera madame Caron, en autant qu'elle ne doive pas payer en double.

Emma et moi échangeons un sourire excité, car nous pensons à la même chose : nous pourrons poursuivre l'exploration de l'iPod !

7
Gardiennage mouvementé

Depuis une heure, Emma fait sautiller le bébé d'un an dans ses bras. Ses cheveux fins et châtains rebondissent sur le front du petit, la bave coule… Ça paraît que mon amie a plusieurs petits frères ; elle sait comment s'y prendre pour gérer une poussée dentaire ! Madame Caron n'a rien dit en me voyant arriver avec ma copine. Tant mieux, car j'ai la tête ailleurs avec cette histoire d'iPod usagé. J'ai même perdu de vue la tornade de trois ans, que j'ai retrouvée en train de bouffer des plantes vertes. J'espère qu'elles ne sont pas toxiques !

— Il y a sans doute le WiFi ici ? lance Emma en montrant l'ordinateur portable et la tablette sur le comptoir.

Je descends la tornade de la table. Un peu plus et le petit garçon se balançait au lustre comme Tarzan !

— Oui, sûrement.

Qui n'a pas Internet de nos jours ? Mon amie fouille la pièce du regard tout en repoussant les mains du bébé qui cherchent à agripper ses lunettes.

— Avec un peu de chance, on trouvera le mot de passe.

Je comprends qu'elle veut continuer de fureter dans mon iPod – ou plutôt dans celui que j'ai reçu en cadeau pour ma fête. Je n'arrive pas à le considérer vraiment comme le mien depuis que je sais qu'il est de seconde main. Il contient trop de vécu qui ne m'appartient pas !

— Hé ! On ne va quand même pas commencer à fouiller ici ! protesté-je.

Le bébé empoigne les lunettes d'Emma, qui les rattrape avant qu'il les lance par terre. Je ne suis pas d'accord pour me brancher au réseau de quelqu'un sans lui avoir demandé la permission. Ça ne se fait pas, non ?

Trop tard, mon amie tire déjà sur la poignée d'un tiroir.

— Arrête ça ! lui ordonné-je.

Emma ouvre une armoire. Elle manque près de faire tomber un verre.

— Je ne fais que regarder.

Elle fonce dans le couloir.

— Il y a probablement un bureau, ici. C'est là qu'on va trouver le code d'accès.

J'essaie de l'empêcher de passer à l'action. Mais même le bébé plein de bave qu'elle traîne sous son bras ne l'arrête pas.

Bon… On va chercher un peu. Sans rien toucher. Ce n'est pas vraiment fouiller, non ? Et on ne veut pas se brancher au réseau pour faire des conneries ; c'est pour une recherche sérieuse. On pourra toujours prétendre que c'était pour un travail à l'école.

Assise sur la chaise à roulettes, Emma ouvre les tiroirs du bureau de bois les uns après les autres. Des crayons, des trombones, un peu de monnaie... Je lis les *post-it* collés sur la surface de travail. Des rendez-vous, des factures à payer.

— Zut ! On ne trouve rien.

En sortant de la pièce, je vois la tornade rater les deux dernières marches qui mènent au sous-sol. *Merde !*

8

Enquête en cours : d'où vient l'iPod ?

Le mot de passe de l'accès Internet est resté introuvable. Emma a même rampé sous le bureau, sans succès. Pire, nous avons passé la soirée à courir derrière la tornade qui prend l'escalier pour un terrain de jeu. Ouf ! Le petit garçon aurait pu s'assommer au moins cent fois ! Une chance qu'Emma était là pour s'occuper du bébé, car j'en avais plein les bras.

Maintenant, tout le monde dort. Enfin !

Seule une lampe sur pied dans un coin du salon éclaire la pièce. Je suis blottie contre mon amie sur le fauteuil en cuir de madame Caron. Mon iPod est posé sur ma cuisse. Nous regardons les photos pour la vingtième fois.

— Je ne reconnais personne.

Emma est déçue que je n'aie aucune illumination concernant un visage, un vêtement, un endroit…

— Probablement que l'ancien propriétaire n'est pas quelqu'un de ton entourage ou de l'école, suppose Emma.

Nous avons déduit que l'iPod appartenait à un garçon parce que l'appareil contient très peu de photos. Et nous sommes presque certaines qu'il a notre âge, car les personnes apparaissant sur les clichés sont tous des adolescents. Notre enquête n'a rien de très scientifique…

— Ça peut très bien être quelqu'un de l'école, répliqué-je. On est à Drummondville ici, pas à l'Île-Ville, et il y a au moins mille élèves à La Poudrière ! On ne connaît pas tout le monde.

Emma est belle quand elle réfléchit en se mordillant la lèvre inférieure.

— Allons vérifier quel genre de musique il écoute.

Bonne idée. La musique en dit beaucoup sur la personnalité d'un individu. Ça tombe bien, iTunes déborde de listes de lecture différentes. *Entraînement 1, entraînement 2, entraînement 3.* Il y a également des albums.

— Un sportif ! s'exclame Emma. Il s'entraîne !

Je lui donne une claque sur le bras.

— Chut ! Tu vas réveiller le bébé.

Et je jure que si elle le tire du sommeil, ce sera à son tour de chanter en boucle *Dans la ferme à Mathurin* ! J'ai passé tous les animaux de la ferme qui me venaient en tête ; j'ai abandonné après les fourmis et les grenouilles.

— *Oh my God !* marmonne mon amie. Regarde ça !

Elle fait défiler les chansons. Il y en a de tous les styles : de Pierre Lapointe à Daft Punk, en passant par Bruno Mars et Michael Bublé.

À vingt et une heures trente, lorsque je grimpe les marches de ma maison, la chanson *On leur a fait croire* d'Alex Nevsky tourne dans ma tête. Emma jure que l'iPod appartenait à un gars. J'ai un doute. Tous les garçons que je connais lèvent les yeux au ciel quand il est question de chansons d'amour. On a aussi trouvé un autre fichier de photos nommé « Sister ». De vieilles photos mal numérisées de la même fille à différents âges : bébé avec une couche en train de manger une crème glacée, à environ quatre ans avec un chien plus gros qu'elle, à une dizaine d'années lors d'un premier jour d'école avec des couettes et un sac à dos… Ça veut dire quoi, tout ça ? Un gars qui garde des photos de sa sœur sur son iPod ? Pouah ! Ça n'a aucun sens !

Je tourne la poignée, heureuse de me retrouver à la chaleur chez moi. Ça sent encore le bon gâteau au chocolat. Mon frère est au salon, en train de se bourrer la face comme s'il n'avait pas soupé, ses écouteurs sur les oreilles. Je tire dessus pour les lui enlever. Le son était si fort que je distingue parfaitement la chanson *Summer Paradise* de Simple Plan. En tout cas, lui, il n'écoute pas du Alex Nevsky. Jamais au grand jamais ! Il le trouve cucu.

— Hé ! proteste-t-il.

— J'aimerais ça qu'il me reste au moins UN morceau de gâteau demain !

Sam passe la langue sur le dos de sa cuillère. *Allez ! Lèche l'assiette tant qu'à y être !*

— Il est trop bon ! clame-t-il.

Je retire l'iPod de la poche arrière de mon jeans. Ça me fait tout drôle. J'avais tellement hâte de vivre cette expérience, moi aussi ! Enfin, je suis une ado normale qui aura une vie sociale virtuelle. J'en avais marre de ne rien comprendre quand les filles parlaient de leurs partages sur les réseaux sociaux. Pire, j'étais celle qui regardait l'écran par-dessus l'épaule des autres.

Mais pour l'instant, j'ai une enquête à mener. Je veux savoir où ma mère a acheté mon cadeau.

Pendant que je réfléchissais, Sam a vraiment léché son assiette.

— Iris… Ton amie Emma a vraiment l'air *cool.*

Je cherche son regard sans le trouver. Il est songeur. Oh ! Oh ! Danger !

— Oui, elle est très *cool.* Mais n'oublie pas notre entente, Sam : tu ne touches pas à mes amies, je ne touche pas aux tiens.

Il croise les bras.

— Ce n'est pas juste. Il n'y a aucune chance que tu intéresses les gars de ma gang. Tu es trop jeune, tandis que moi…

Sans réfléchir, et d'un geste brusque, je lui lance le coussin orange posé sur le canapé. Cet objet ne sert à rien, à part mettre du piquant dans nos disputes. J'arrive à décoiffer Sam un peu. Je suis trop jeune pour sa gang de chums, c'est vrai. Par contre, mon frère plus vieux paraît tellement *hot* aux yeux de toutes les filles de ma classe. Ce n'est vraiment pas juste.

Je trouve maman à la cave, devant la porte de la sécheuse grande ouverte. Elle sort les vêtements un à un pour les plier. Yé ! Mon chandail rose est enfin propre. Je pourrai le porter demain.

— Ça s'est bien passé avec les petits monstres de madame Caron ?

Maman grogne en retournant à l'endroit les bas de mon frère. Il les lance toujours en boule dans le panier à linge sale.

— Oui, quand même.

Je ne mentionne pas que la tornade a bouffé des plantes et a failli se tuer dans l'escalier. Après tout, c'était une soirée normale là-bas.

— Maman, je voudrais savoir: où as-tu acheté mon iPod?

La tête dans la sécheuse, Julie me répond:

— D'un client au restaurant.

Elle se redresse d'un bond, les yeux plissés, son uniforme de travail froissé entre les mains.

— Pourquoi? Il y a un problème? Je suis désolée. J'aurais voulu t'en acheter un neuf, mais je n'avais pas...

— C'est correct, maman, je voulais juste savoir.

— Le monsieur m'a dit que son fils ne l'utilisait plus.

Bingo! L'iPod appartenait bel et bien à un garçon. Emma avait raison.

9
Jacob Cloutier

Il est plus de vingt et une heures. Avec impatience, Jacob Cloutier laisse tomber par terre son bâton de hockey. Il a des ampoules plein les mains. Son lancer n'est pas aussi parfait qu'il le voudrait ; il atteint les cibles aux quatre coins trois fois sur cinq. Ce n'est pas suffisant ! Demain matin, il se lèvera tôt pour effectuer quelques tirs avant d'aller à l'école.

Soudain, il se rappelle : le lendemain, il n'ira pas à ses cours. Il aura donc tout son temps pour perfectionner sa technique.

Jacob se secoue, puis il monte à l'étage en grimpant l'escalier deux marches à la fois. La maison est encore vide et il est affamé. Il n'y a rien dans le frigo, à part un reste de spaghettis séchés. Beurk ! Le garçon de quinze ans engloutit deux sandwichs au fromage orange. La même chose que la veille et le soir d'avant.

Où son père a-t-il caché son iPod ? Jacob a déjà fouillé toutes les armoires, le bureau, le sous-sol… Il n'y a plus que la grande chambre à inspecter. Il n'a pas encore osé s'y aventurer, car c'est l'espace personnel d'Étienne. L'adolescent comprend la raison de sa punition. C'est vrai, il marque moins de buts depuis un certain temps. Il n'y arrive tout simplement pas ! Il peut vivre sans WiFi, mais toutes les photos de sa sœur sont sur l'iPod. Et il ne voudrait pas perdre ses vidéos non plus ! Ce sont les seuls souvenirs qu'il lui reste…

10

Jus d'orange et Special K

Je me suis endormie tout habillée en regardant encore et encore les photos sur mon iPod. Elles m'obsèdent! Je pourrais les effacer, réinitialiser l'appareil en entier; ce serait une affaire de rien… Pourtant, j'en suis incapable! Ces clichés ont quelque chose de mystérieux, mais je n'arrive pas à trouver de quoi il s'agit. Je sens qu'ils sont importants! Sinon pourquoi prendre la peine de conserver de vieilles photos mal numérisées? Et ce n'est que le début: je n'ai pas encore tout vérifié sur cet iPod!

Dans la cuisine, les yeux rivés sur son bol de Special K, Sam a déjà ses écouteurs sur les oreilles. Zut! La boîte est vide. Je la secoue devant le visage de mon frère en lui donnant un coup sur l'épaule pour capter son attention. Il retire l'écouteur d'une de ses oreilles.

— Tu aurais pu m'en laisser!

Bon, le sac de lait est vide, lui aussi.

— C'était hier, ta fête, ma chouette! marmonne mon frère en portant le bol à sa bouche pour boire le lait.

Je serai obligée de manger des toasts au fromage orange. C'est ça ou le gruau de ma mère. Mais ce dernier, vraiment, est à vomir. Toutes les semaines, je pleurniche pour qu'elle achète du Nutella. Elle refuse! Trop sucré, trop cher. Pfff.

— Et puis, ton super iPod ? Tu arrives à le faire fonctionner ? m'interroge Sam sur un drôle de ton.

Je m'assois en face de lui. Je pousse ses pieds afin qu'il dégage ses longues jambes de là.

— Franchement, ce n'est pas sorcier !

Je ne veux pas lui dire que je découvre tout un monde dedans. Il voudrait s'en mêler !

— Si tu t'ouvres un compte sur Facebook, je ne veux pas t'avoir dans mes amis, grogne-t-il.

Hé ! Il est bougon, ce matin, le frérot ! Je me verse un verre de jus d'orange en lui souriant. Enfin, j'ai l'âge minimum de quatorze ans pour avoir un compte sur Facebook.

— Pas besoin ! Puisque tu es ami avec Emma, je sais déjà tout ce que tu fais.

Comme d'habitude, je renverse quelques gouttes de jus. Je passe discrètement le revers de ma manche sur la table pour essuyer le dégât… Soudain, je fixe l'iPod qui est à plat sur la table à côté de mon assiette. Il est près de mon verre de jus que je renverse si souvent. Le garçon à qui appartenait l'appareil avait sûrement un courriel ou un compte Facebook. Si les mots de passe ont été enregistrés, ça veut dire que je pourrais avoir un accès direct à son profil et, du même coup, à ses contacts.

Oh my God ! Je manque de m'étouffer avec ma salive.

Tant pis pour les rôties qui viennent de sauter du grille-pain, je n'ai plus faim. J'enfonce l'iPod dans ma poche, puis je cours me brosser les dents. Cinq minutes plus tard, mon manteau sur le dos, je suis prête à partir. Il faut que je parle à Emma. Ça urge!

Mon frère bondit.

— Hé! Où vas-tu comme ça? Attends, je vais marcher avec Emma et toi jusqu'à l'école!

11

Marie-Jade

Quand Emma et moi nous débarrassons enfin de Sam devant la porte des élèves de quatrième secondaire, mon amie est tout énervée ! Moi aussi, mais pas pour les mêmes raisons.

— Il est tellement *hot*, ton frère, Iris !

Ouais... Sam trouve mon amie pas mal *hot*, lui aussi, mais je décide de garder ça pour moi. Je tiens le menton d'Emma pour qu'elle plante son regard dans le mien. Mais rien à faire. Elle fixe mon frère pendant qu'il monte l'escalier, comme toutes les filles présentes aux alentours.

— Emma, écoute-moi ! l'imploré-je. C'est important !

Je claque des doigts devant son visage pour attirer son attention. Coucou ! Il n'y a pas que Samuel Lépine sur la terre ! Elle est vraiment pâmée sur mon frère...

— Quoi ? me demande-t-elle enfin.

— Tu avais raison : mon iPod appartenait à un garçon. Ma mère l'a acheté d'un client au resto où elle travaille.

Ma copine oublie Sam sur-le-champ. Elle tape dans ses mains.

— *Yes !* Je le savais !

— Attends, il y a autre chose...

— Qu'est-ce qui se passe ici ? s'informe une voix dans mon dos.

Je me tais. La bouche pincée, Emma plisse les yeux en regardant par-dessus mon épaule. Marie-Jade et son pot de colle de Laurent viennent d'apparaître. Cette fille, qui était ma *best* depuis la maternelle, me parle maintenant comme si j'étais une simple camarade de classe qu'elle serait obligée de côtoyer. Ce regard hautain qu'elle promène sur moi de haut en bas me laisse un goût amer. J'ai tellement envie de lui crier que je suis l'oreille attentive qui passait des nuits à l'écouter me parler des disputes entre ses parents. Elle venait tous les week-ends chez moi après leur séparation. Marie-Jade, c'était presque une sœur ; elle faisait partie de la famille. Mais, aujourd'hui, elle tient la main de Laurent…

Je cache mon iPod.

— Rien du tout.

Mon ex-*best* me connaît trop bien. Elle sait que je lui cache quelque chose. Tant mieux ! *Moi aussi, je suis capable d'avoir une vie sans toi, chose !*

— Ah ! Au fait, bonne fête en retard ! Je voulais passer chez toi hier. Mais Laurent m'avait invitée au cinéma, tu comprends…

Elle se colle un peu plus contre le garçon.

— Je comprends.

Zut ! La cloche sonne déjà ! Je devrai attendre avant de parler à Emma des mots de passe sur l'iPod. Marie-Jade embrasse son chum devant tout le monde comme s'ils se séparaient pour six mois. Exaspérée, Emma roule les yeux. Je m'éloigne avec elle.

— Elle a l'air d'une chipie, cette fille…, murmure ma nouvelle amie pendant que les élèves se massent devant la porte pour entrer dans l'école.

— Oui, un peu. Elle n'était pas comme ça avant. Mais là, il vaut mieux que tu t'en tiennes loin.

Emma sourit en coin.

— Ne t'en fais pas pour moi. J'ai de l'expérience avec les chipies.

12
Un cours d'histoire endormant

Le règlement est clair : il est interdit d'apporter un iPod en classe. Interdit comme dans : « Tu perds ton jouet pour trois jours et tu dois suer ta vie pour le récupérer. » Ça a été plus fort que moi : j'ai caché le mien au fond de mon étui à crayons. Ben quoi, je n'allais quand même pas l'enfouir dans mon casier et risquer de me le faire voler !

OK, demain, je le laisserai à la maison. Je l'ai depuis moins de vingt-quatre heures et je ne peux déjà plus m'en séparer.

Monsieur Giroux parle de la Seconde Guerre mondiale. Tout le monde bâille d'ennui, sauf moi. Mon genou droit sautille de nervosité, et je n'ai plus d'ongles à ronger ! J'en suis rendue à gruger les bouts de peau qui retroussent. C'est la première fois que je désobéis à un règlement de l'école. Si je me fais prendre, ma mère pétera sa coche. Je n'aurai pas le droit d'avoir un iPod avant mes dix-huit ans !

Le prof fait de petites pauses au milieu de ses phrases. Chaque fois, je m'attends à un suspense, quelque chose de vraiment génial. Eh non ! Il reprend toujours sur le même ton monotone. C'est interminable.

Je déchire un coin de mon cahier de notes. Je griffonne en surveillant du coin de l'œil si monsieur Giroux regarde dans ma direction. Aucun danger : il est en extase devant la carte géographique affichée sur le tableau.

Si les mots de passe sont enregistrés sur l'iPod, on pourrait avoir accès aux courriels, à Facebook...

Après avoir plié le papier en quatre, j'étire le bras pour le remettre à Justine, assise à ma droite, afin qu'elle le passe ensuite à Emma, installée au bureau à côté. C'est notre unique cours ensemble, car mon amie est en quatrième secondaire, et moi en deuxième. Elle a choisi l'histoire comme cours d'option et elle s'est retrouvée dans mon groupe. Il faut vraiment être zélé pour se taper volontairement monsieur Somnifère !

L'expression d'Emma, pendant qu'elle lit mon message, vaut mille dollars. Les yeux ronds et la bouche ouverte. Je suis la première étonnée qu'elle n'ait pas songé à tout ça plus tôt. Elle déchire un morceau de papier pour me répondre. Puis elle le tend à Justine, qui me le lance. Le mémo rebondit sur mon bureau.

OMG ! On va découvrir des détails croustillants !

Peut-être même pouvoir lui écrire !

C'est trop excitant ! Surtout, j'ai très hâte de vérifier si j'aurai accès aux courriels du mystérieux inconnu ! J'ai le goût de simuler une envie pressante ou une gastro subite pour aller m'enfermer dans les toilettes de l'école pendant le reste de la période. Le WiFi ici est pourri, mais on ne sait jamais, je pourrais peut-être me brancher. Soudain, je réalise que l'atmosphère de la classe ressemble à celle d'un salon mortuaire comparativement au feu d'artifice dans ma poitrine. Je lève les yeux.

— Il y a un problème, Iris?

Je sursaute. Tout le monde me regarde. Je remarque surtout que monsieur Giroux me fixe avec ses yeux de grenouille. C'est qu'ils ont l'air très gros à travers ses épaisses lunettes... Dans mon champ de vision, j'aperçois Emma qui fait de drôles de signes. Je ne peux pas tourner la tête pour essayer de comprendre ce qu'elle veut me dire. De toute façon, le prof est déjà devant mon bureau avec ses ronds de sueur sous les aisselles et sa cravate jaune qui ne va pas avec sa chemise orange. Il serait daltonien, d'après la rumeur. C'est là que je comprends tout. Mon amie voulait me prévenir pour éviter que je me fasse surprendre. Par inadvertance, j'ai déplacé mon étui à crayons; le coin de mon iPod est maintenant visible. Si le prof baisse le regard, je suis foutue. Je retiens mon souffle.

— Euh... non, aucun problème.

Il hoche la tête avant de tourner les talons. Ouf!

13

Le monde à l'envers

Après le cours d'histoire, celui d'anglais. La prof se fâche ; elle prétend qu'on ne travaille pas assez fort. Un examen-surprise nous attend demain matin ! Comme si j'avais le temps d'étudier, MOI ! Je retrouve donc Emma à l'heure du dîner. Elle est déjà installée avec son lunch à une table de la cafétéria. Je me fraie un chemin dans la cohue jusqu'à elle. Mon amie regarde mon assiette de boulettes de viande et de petits pois avec un drôle d'air.

— Ark ! Comment tu fais pour manger ça ?

Je hausse les épaules. Ce n'est pas si pire. C'est certain qu'à côté de sa salade de pois chiches et de son sandwich au pain multigrain sûrement préparé par sa mère, mes boulettes pâles noyées dans la sauce liquide font pitié. Très pitié ! Mais j'avais le choix entre prendre cinq dollars dans ma tirelire pour mon dîner ou me contenter de pain blanc et de fromage orange. Je préfère encore la bouffe de cafétéria.

— C'est mangeable, quand même.

Ce n'est pas délicieux, mais ce n'est pas mauvais non plus. Il suffit de manger sans trop y penser, d'avaler les bouchées un peu plus rondement ou de boire une gorgée de lait pour camoufler l'arrière-goût. Avec le temps, on trouve des trucs, on s'habitue et on finit presque par aimer !

— Qu'est-ce qui t'a pris d'apporter l'iPod dans le cours ? me demande Emma, tout bas. Monsieur Giroux a failli le voir !

— Je sais…

Mes genoux tremblent encore. J'ai failli me faire prendre ! Je sors l'appareil de ma poche après avoir déposé mon plateau. Les boulettes se promènent dans mon assiette.

— Es-tu branchée au réseau ? s'informe Emma, excitée.

Elle siphonne sa boîte de jus 100% aux fruits. Il y a des sons comme ça qui m'agacent. Comme un ongle sur un tableau.

— C'est ce que j'essaie de faire. Mais c'est long…

La bibliothèque est le meilleur endroit dans l'école pour capter Internet. Marie-Jade s'arrête près de nous avec son plateau. Hébétée, je la regarde en silence. C'est nouveau, ça. Qu'est-ce qu'elle veut ? Elle m'ignore depuis des semaines ! Où est passé son Laurent ?

— Oh *cool* ! Tu as un iPod !

Elle parle trop fort et sa voix est trop aiguë. C'est de la frime ! Pfff. Elle n'a pas besoin de faire semblant d'être contente pour moi. Emma l'observe, sa fourchette de pois chiches en suspens. Marie-Jade fait comme si ma copine n'existait pas. Avec son sourire plus ou moins sincère, elle poursuit :

— Si tu te crées un compte Facebook, tu m'inviteras comme amie.

Je ne savais même pas qu'elle était sur Facebook. En réalité, il y a beaucoup de choses que j'ignore à propos de la nouvelle Marie-Jade. Laurent entre dans la cafétéria.

Dès que mon ancienne BFF le voit apparaître dans son champ de vision, son visage s'illumine. Elle est soudainement très pressée de partir; elle se précipite à la rencontre de son chum.

— Tu diras bonjour à Sam de ma part! lance-t-elle par-dessus son épaule.

— Salut quand même! grogné-je en tranchant une boulette en deux.

— Laisse-la faire, souffle Emma. Elle n'en vaut pas la peine.

Ma poitrine se serre. Ce n'est pas du bœuf haché trop cuit que je viens d'avaler, mais une boule de feu. Voilà à quoi se résument dix ans d'amitié: «Elle n'en vaut pas la peine.» Vraiment? Je n'en suis pas si sûre. Marie-Jade est dans une mauvaise passe. Elle ne peut pas avoir tant changé du jour au lendemain et avoir oublié tout ce qu'on a vécu ensemble. C'est la faute de son Laurent! Elle reviendra.

— Hé! Salut, les girls!

Bon, voilà maintenant mon frère. *Jamais moyen d'avoir la paix.* Emma sourit comme une idiote pendant que Sam s'assoit pour manger avec nous. Je le dévisage. Ça aussi, c'est nouveau! Il avale toujours son dîner en trois bouchées et demie et se dépêche d'aller s'enfermer dans le local de musique avec sa gang de bohèmes. C'est le monde à l'envers, aujourd'hui.

Je range l'iPod. Ce n'est pas ce midi qu'on élucidera le mystère.

14
Le numéro 87

L'odeur d'aréna, c'est ma senteur préférée dans le monde entier ! Avec celle du gâteau au chocolat de ma mère. *Quand elle ne le fait pas brûler.* L'humidité, l'air frais, le son des lames de patin sur la glace… c'est toute ma vie. Je ne pense plus à rien quand je patine, et j'ai l'impression de voler. Je suis libre !

Seule sur le banc dans un vestiaire, je tire sur mes longs lacets blancs. J'éprouve toujours la même excitation lorsque j'enfile mes patins, mais cette année c'est différent. Marie-Jade n'est pas là. Fini le patinage artistique pour elle. Sans me prévenir, elle a décidé de tout lâcher pour des cours de chant. Pouf ! Dix ans de travail et d'efforts envolés. L'ambiance n'est pas la même sans elle pour m'entraîner. Sans mon « amie d'avant ».

Mes pieds appuyés contre la bande, j'attends que l'équipe de hockey termine son entraînement. Je surveille surtout le numéro 87. Je suis prête ! S'il me niaise encore et ne sort pas de la patinoire le moment venu pour me laisser la place, il le regrettera. Je répète mon discours dans ma tête. J'ai presque hâte de crier après lui !

L'entraîneur siffle et fait signe aux joueurs que c'est terminé pour aujourd'hui. En sueur, ils se donnent des coups de bâton sur les jambes ou des coups de poing sur l'épaule. C'est beau, quand même, la solidarité d'une équipe de hockey. Un pour tous et tous pour un. En patinage artistique, c'est chacun pour soi. Ou soi contre tout le monde.

Comme d'habitude, le numéro 87 ne suit pas le groupe et ignore la consigne. De la ligne bleue, il lance au filet. Bon, je lui laisse trois lancers – seulement parce que je trouve son mouvement fluide et impressionnant à regarder. *Pour du hockey, c'est pas mal…*

Maintenant, ça suffit !

Au moment où je saute sur la patinoire pour l'engueuler de mon ton aigu qui fait toujours crier mon frère, le joueur pivote et glisse vers la sortie. Nos regards lourds de reproches se rencontrent. Il n'est pas content que je le chasse. Chacun son tour !

Maggie, mon entraîneuse un peu spéciale avec ses cheveux mauves, se pointe avec son enthousiasme habituel. Impossible de ne pas s'amuser tout en travaillant avec elle ! Et puis elle a toujours un mauvais coup à faire.

— *Let's go,* les Chipets ! Quatre tours de patinoire pour se réchauffer ! Go, go, go !

Son énergie est telle que je fonce, remarquant à peine que le joueur de hockey nous observe, appuyé contre la bande. *Allez, au travail ! Il faut que je gagne une médaille à la prochaine compétition.*

15

Madame Leclerc

Perdue dans mes pensées, je traîne mon sac de patins sur mon épaule. Aujourd'hui, ça a été un bon entraînement; j'ai le sentiment d'avoir progressé. J'ai un peu mal aux jambes aussi, ce qui est bon signe. Mes muscles ont travaillé! D'un pas pressé, je tourne dans la rue des Coteaux. J'aperçois alors madame Leclerc qui trottine quelques mètres en avant avec sa canne d'un côté et son petit chien en laisse de l'autre – un caniche avec de grands yeux noirs. L'animal porte toujours un chandail tricoté pour le protéger du froid. Je cours pour rattraper le duo.

— Madame Leclerc!

Fonfon est le premier à se tourner en bondissant. Le chien me reconnaît de loin. Puis le visage de la dame s'illumine. Je n'ai pas connu mes grands-mères. Je suis certaine qu'elles m'auraient gâtée comme madame Leclerc, qui me donne des bonbons et de petits gâteaux quand je la visite.

— Comment ça va, ma belle Iris?

Malgré le vent, la vieille dame ne tremble pas. Ses beaux cheveux gris sortent çà et là de son bonnet.

— Ça va!

Je pose ma main sur la tête de Fonfon pour le calmer. Il sautille et veut me lécher. Eurk! Ça, j'aime moins... Même si j'ai froid et que je suis impatiente de rentrer, j'avance à petits pas avec ma voisine et son compagnon.

— Et à école ?

Madame Leclerc est vraiment une grand-maman dans l'âme. Après, elle me demandera comment se passent mes entraînements et si mes amis sont gentils.

— Pas de problème à l'école, la rassuré-je.

Elle habite dans le sous-sol mal éclairé et trop humide d'une maison. *Du côté des gens ordinaires.* Tout naturellement, je saisis son coude pour l'aider à descendre l'escalier. Le chien est trop vite pour nous, il tire sur sa laisse. Un jour, la pauvre dame déboulera les marches à cause de lui ! Une fois, elle est tombée parce que Fonfon avait entortillé la laisse autour de ses chevilles.

— Les Cloutier ont mis leur maison en vente, dit-elle en secouant la tête. Ils ont emménagé il y a à peine un an ! C'est tellement triste, ce qui est arrivé à leur fille…

J'avais remarqué la pancarte devant le château de trois étages. Je ne m'étais pas interrogée à ce propos. En fait, je ne me sens jamais bien quand je passe devant cette baraque, comme si quelque chose me forçait à m'en tenir loin. J'accélère toujours le pas à cet endroit ! Ce n'est pas une bonne énergie qui se dégage de cette propriété. Elle est peut-être hantée… Je n'ai jamais vu personne entrer ou sortir de là. Est-ce que je veux vraiment savoir ce qui est arrivé à leur fille ?

— Tu entres boire un jus ? m'invite madame Leclerc, comme d'habitude.

Mmm… Madame Leclerc achète la meilleure limonade du monde. L'été, avec quelques glaçons, c'est divin ! Ce nectar se vend un dollar en solde à l'épicerie. Ma mère, qui dit que c'est bourré de sucre, n'achète que du « vrai » jus. Avec pulpe !

— Non, pas ce soir, une amie m'attend.

Zut! Pas ce regard… Elle est déçue. Moi aussi! J'aime bien siroter une limonade en jouant avec le chien. Mais aujourd'hui, c'est impossible. Je dois aller retrouver Emma, car elle est au bord de la crise d'hystérie! Je reste sur le tapis de l'entrée avec mon manteau sur le dos.

— Je reviendrai, promets-je en souriant.

— D'accord, ma petite.

Fonfon jappe quand je sors. J'aurais tellement voulu avoir un chien! Malheureusement, mon frère est allergique à tout ce qui a du poil – même aux hamsters et aux cochons d'Inde. Aucune chance. De toute façon, ma mère trouve que ça pue. C'est vrai que le chien de madame Leclerc ne sent pas toujours bon. Il passe son temps à se rouler dans la boue et elle a du mal à le laver, car il bouge trop.

À la maison, nous avions dû nous contenter d'un lézard vert immobile dans un vivarium. Mon frère l'avait baptisé Albert, mais il est mort au bout de deux mois et ma mère n'a plus jamais voulu acheter un animal.

Je frissonne au contact du vent qui passe à travers mon manteau. Immobile sur le trottoir, je prends le temps d'examiner la maison des Cloutier située juste en face. Je ne savais même pas leur nom avant que madame Leclerc me parle d'eux. L'adresse est le 432, rue des Coteaux. Cela me dit quelque chose…

Je repars. Marie-Jade ouvre la porte de chez elle au moment où je passe devant sa maison.

— Hé! Iris, entre un peu!

Marie-Jade est en camisole et elle a appliqué du fard bleu sur ses paupières. Il n'y a pas si longtemps, j'aurais couru pour la retrouver. Je n'attendais qu'un signe de sa part ! Étrangement, en ce moment, je n'ai même pas le goût de la voir. Et puis j'ai autre chose à faire.

— Pas aujourd'hui ! Je suis pressée.

Ce n'est pas la déception qui s'affiche sur ses traits, mais la surprise. Ma vieille amie est habituée que j'obéisse au moindre claquement de doigts.

— Ah ! OK…

Je poursuis mon chemin. Je sens son regard planté dans mon dos.

16

Les filles enquêtent

Debout au comptoir, j'avale un restant des lasagnes de la veille avec un verre de lait. C'est un peu sec et pas assez chaud, mais c'est mieux qu'un *grilled cheese.* Je ne prends pas le temps de manger un morceau de gâteau, même si je sais qu'il n'en restera plus à mon retour. J'ai promis à Emma d'aller la voir tout de suite après mon entraînement. La coquine m'a fait jurer de ne pas regarder les courriels sur l'iPod sans elle. J'ai failli tricher deux ou trois fois…

Ma mère travaille au restaurant, tandis que mon frère est au salon avec sa gang d'amis qui font des trucs bizarres avec leurs tuques enfoncées jusqu'aux oreilles. Paraît que c'est de la danse. Pfff. Tourner en équilibre sur la tête, ce n'est pas danser. Mais comme le dit si bien Sam, je ne connais rien au *breakdance.* Avant de fermer la porte, je crie : « Attention de ne rien casser ! » Une fois, ils ont fait tomber le miroir du salon et maman avait pleuré. C'était un souvenir de sa grand-mère… C'est alors que j'avais appris que briser un miroir, c'est récolter sept ans de malheur. Heureusement, on ne s'en tire pas trop mal jusqu'à présent.

Finalement, j'ajoute :

— Et n'oublie pas ta corvée de vaisselle, Sam !

Les pieds dans mes souliers pas lacés et le manteau déboutonné, je traverse chez Emma en courant. Ça me fait toujours drôle d'aller chez elle, comme si c'était un autre monde. *Au royaume des princesses.* Pourtant, sa maison se trouve juste de l'autre côté de la rue, mais l'environnement est différent chez mon amie. Tout y est chic et beau. On se sent important !

Emma surveillait mon arrivée par la fenêtre, car elle ouvre la porte avant même que j'aie terminé de monter les marches du perron.

— Tu en as mis, du temps !

Elle saisit mon poignet et m'entraîne à l'étage. L'escalier tourne et n'en finit plus de finir ! Emma a un grand lit double – on pourrait dormir trois dedans sans même se toucher. La décoration blanche et rose est classe. Cela ressemble à ce qu'on voit dans les magazines de vedettes ! C'est très différent de ma chambre avec sa tapisserie de nuages blancs sur fond bleu. Je dois l'endurer, car ma mère ne sait pas trop comment la retirer. C'était beau lorsque j'avais cinq ans, mais là, ouf ! En plus, avec le temps, le papier peint s'est mis à retrousser dans les coins.

Les livres d'anglais d'Emma sont éparpillés sur son bureau entre deux dictionnaires et quelques flacons de vernis à ongles. Du bleu, de l'orange… Merde ! J'ai un examen d'anglais demain et je n'ai même pas commencé à étudier !

Respire, Iris ! Tu t'y mettras plus tard.

Emma s'occupe de brancher mon iPod au réseau sans fil. Elle est tellement fébrile qu'elle doit s'y reprendre à deux fois. Je préfère attendre avant de m'emballer sur ce qu'on pourrait découvrir. Les mots de passe ne sont peut-être pas enregistrés et mon amie s'excite pour rien.

Nous fixons le chiffre trois, minuscule et rouge, figurant à côté de l'icône des courriels. Ce n'était pas là la veille ;

sinon je l'aurais vu! Cela signifie qu'il y a trois nouveaux messages. Emma et moi nous regardons, la bouche ouverte. Ça fait presque peur d'aller plus loin. C'est tellement personnel, une boîte courriel. Je n'aimerais pas que quelqu'un fouille dans la mienne! OK, j'avoue, j'ai fouiné une fois dans celle de mon frère… Pas ma faute s'il l'avait laissée ouverte sur l'ordinateur familial!

Emma tape des mains et danse la claquette. Elle est si énervée qu'elle me tombe sur les nerfs.

— On va enfin tout savoir!

Ouf! J'ai l'impression d'être au cœur d'un roman policier et d'avoir trouvé une preuve tangible.

OK! C'est parti!

17
La boîte courriel

L'iPod est dans ma main ; je retiens mon souffle. Emma aussi. Une page s'ouvre dans la boîte courriel. Aussi facile que ça. Alléluia ! Au bout de mes doigts se trouvent les messages de sandman@hotmail.com. Je fais défiler l'écran, puis j'entreprends une recherche rapide dans les paramètres. Le numéro de téléphone indiqué est le 123-4567, ce qui est ridicule. Et l'adresse a été écrite avec des caractères spéciaux.

— Hum ! Ce n'est pas ici qu'on trouvera son nom, dit Emma en tapant du pied.

Elle a raison. Partout, on ne lit que le surnom « Sandman ». C'est même lui qui apparaît comme signature à la fin des messages envoyés.

— Qui peut avoir la prétention de se faire appeler comme ça ? commenté-je. Le marchand de sable, c'est tout un personnage…

Emma hausse les épaules avec un sourire en coin.

— Ça ne veut rien dire. Rappelle-toi : ton frère utilise le nom Metallica dans ses courriels !

Je fais la moue. Elle connaît le courriel de Sam !

— Ouais ! Mais mon frère est unique, tu sais !

Je fixe mon amie qui rigole un peu trop fort. Elle émet des « hi! hi! » nerveux. On dirait une poule qui se fait égorger… Elle a vraiment un *crush* sur Sam. Bien sûr, qui n'en aurait pas ? *Misère!*

— On trouvera peut-être plus de détails dans les messages, suggéré-je pour changer de sujet.

— Sans doute !

Le plus récent message provient de Céleste Durand. Il y a plusieurs courriels de cette fille dans la boîte.

— J'ai déjà vu ce nom quelque part…, réfléchit Emma à voix haute en tapant sur son propre iPod à la recherche d'informations. *Oh my God!* Il y a plus de cinquante Céleste Durand sur Facebook ; ça prendra un siècle à la retracer.

— Ce nom n'apparaissait-il pas sous la photo d'une fille dans les dossiers ?

Je suis couchée sur le lit de mon amie. Cette dernière s'élance à mes côtés pour voir les opérations que j'effectue sur l'écran. Je reçois ses longs cheveux en plein visage. Ouach ! Je crois que j'en ai mangé un. En trois mouvements de doigt sur la vitre, je retrouve le cliché dont j'avais conservé un souvenir précis. Cette Céleste Durand est tellement belle !

— Va voir le message, déclare Emma. Ensuite, je chercherai sur Facebook son profil. Ce sera plus facile avec la photo.

Tout à coup, j'hésite.

— Et si on trouvait des informations qu'on ne devrait pas savoir ?

Emma me regarde par-dessus ses lunettes. Ses yeux ont toujours l'air plus brillants ainsi.

— Comme quoi?

— Je ne sais pas... Des renseignements sur la vie privée, des secrets?

Emma siffle. J'ai l'impression d'avoir dit une stupidité. En classe, je ressens la même chose lorsque je suis la seule à lever la main parce que je ne comprends rien!

— Les gars ne partagent pas de secrets par courriel; ils écrivent en syllabes. Allez, Iris! Ouvre le message!

Elle a sûrement raison. Je m'exécute avant qu'elle m'arrache l'appareil des mains.

De: Céleste Durand
À: Sandman
Objet: Des nouvelles

Allô!

Il y a un bout que tu ne m'as pas donné de nouvelles. Comment ça se passe? Ton père n'est pas trop chiant? Paris paraît si vide sans toi! J'espère que tu viendras rendre visite à ta mère bientôt. J'aimerais te revoir.

Écris-moi si tu peux!

Céleste xxx

— La mère du gars vit en Europe! s'exclame Emma.

— Et cette Céleste, c'est peut-être sa blonde?

— Je ne crois pas. Elle aurait écrit un truc comme «Je t'aime, tu me manques», ou encore «Je m'ennuie en mangeant compulsivement des Smarties.»

— Peut-être... Ce n'est pas clair.

Pour en savoir plus, il faudra qu'Emma et moi soyons patientes et que nous fouillions encore. Si on prend en compte les messages de la boîte courriel, ceux dans le dossier «Envoyé», les autres qui ont été supprimés mais auxquels nous avons encore accès, il nous faudra la nuit pour tout lire.

J'ouvre le deuxième nouveau message.

De: Thierry L.
À: Sandman
Objet: T où?

Hé! man, t'es où? Il faut qu'on se parle pour samedi. Party chez Jo, oublie pas!

Écris-moi si tu peux!

T.

Emma me regarde en soupirant. Elle avait raison: les gars se parlent en syllabes!

— On tourne en rond! bougonne mon amie qui n'a pas encore trouvé le profil de Céleste Durand sur Facebook.

Et il n'y a aucune trace de Thierry L. non plus. Par contre, j'établis un lien avec le dossier de photos intitulé «Fête de T.». C'est mieux que rien!

Je clique sur le dernier message.

De: Cédrick
À: Sandman
Objet: Yo!

Tu n'étais pas à l'école aujourd'hui? Tout le monde te cherche! On se croise samedi? J'ai quelque chose à te donner; c'est à propos de ta sœur...

Écris-moi si tu peux!

Ced

— Grrr! Je ne trouve rien! rage Emma à mes côtés.

C'est vraiment étonnant, car mon amie est une pro pour découvrir tous les potins sur les réseaux sociaux!

— La seule chose dont nous sommes certaines, c'est qu'il a une sœur..., formulé-je. C'est bizarre, on dirait que le gars qui avait l'iPod avant moi a disparu du décor. Personne ne sait où il est. Et as-tu remarqué, Emma, qu'ils finissent tous leur message de la même façon: «Écris-moi si tu peux!»?

Ma copine dépose son appareil d'un geste déterminé.

— J'ai une idée! s'écrie-t-elle.

Oh! Oh! Je ne connais pas Emma depuis longtemps, mais c'est toujours un peu inquiétant quand elle a une illumination subite. Elle quitte la pièce, puis je l'entends dévaler l'escalier. Pendant les quelques minutes où je suis seule dans sa chambre de princesse – il y a même une télé à écran plat accrochée au mur! –, j'essaie de deviner comment on se sent quand on vit dans un château. Est-ce qu'on est plus heureux? Je me le demande encore lorsqu'elle revient avec un grand carton blanc qu'elle place sur le sol.

Je me tourne à plat ventre sur le lit, le menton posé dans mes paumes. Je regarde Emma dessiner de petites cases sur le carton avec un crayon-feutre.

— On va se faire un tableau, m'annonce-t-elle. Ça nous aidera à tout démêler.

Nom : ?	Famille : Mère en Europe Une sœur	Autres observations : Party chez Jo samedi
Surnom : Sandman	Amis : Céleste Durand (Paris) Thierry L. (Dossier des photos « Fête de T. ») Cédrick	
Âge : Ado		

Je hoche la tête.

— On ne sait pas grand-chose, finalement.

Emma relève ses cheveux en chignon. Elle parvient à le faire tenir en plantant son crayon au milieu. Wow ! Je veux apprendre cette technique !

— On trouvera sûrement des détails en fouillant dans les vieux courriels. Dommage qu'il n'y ait aucun accès direct à Facebook. Ni à Messenger ! Ça, c'est le gros lot pour tout savoir sur la vie de quelqu'un.

En effet, il n'y a aucune application de réseaux sociaux sur l'iPod. Ni Twitter ni Instagram. Déception!

— De toute façon, nous devrons être prudentes, précisé-je. Imagine si ses amis croient que c'est lui en ligne, alors que c'est nous deux!

Emma se redresse sur ses genoux.

— Hou là là! clame-t-elle. S'il vérifie ses courriels sur un ordinateur, il verra que les nouveaux messages ont été lus!

Mon amie a la même idée que moi. Dans un élan de panique, nous nous précipitons sur mon iPod. Emma, qui a gagné la course, s'empresse de cliquer sur chaque message la mention: «Marquer comme non lu».

Ouf! Cette histoire commence à être compliquée!

La mère d'Emma apparaît dans le cadre de la porte laissée ouverte. Elle a les traits aussi fins et les cheveux de la même couleur que ceux de mon amie.

— Ne jasez pas trop longtemps, les filles! Emma, il te reste des devoirs à faire.

Oui, et moi, j'ai un examen d'anglais à étudier. Mon amie ne la regarde même pas en répondant:

— Mais oui, maman!

L'iPod d'Emma sonne. Oh! mon amie rougit. Sa mère tourne les talons en soupirant.

— C'est ton frère, mentionne ma copine. Il fait dire que madame Caron a téléphoné pour que tu ailles garder.

— Tu échanges des textos avec mon frère, maintenant ? demandé-je, les sourcils froncés.

Emma prend un air innocent :

— Bah ! Ça arrive, des fois.

Bon, je me sauve. On jouera au détective demain ! J'arrête chez moi pour prendre mes livres d'anglais avant d'aller chez les Caron. Je pourrai étudier quand les tornades seront couchées. Mon frère est seul ; il est avachi sur le canapé avec son iPod. Je suis certaine qu'il clavarde avec Emma. Il ne lève même pas les yeux quand je passe devant lui avec mon affiche. Mon amie m'a dit de garder le tableau avec moi au cas où je découvrirais de nouvelles informations sur Sandman. J'espère qu'on arrivera à entrer plein de données dans les cases !

Avant de sortir en coup de vent, je crie :

— Lâche les filles, Sam, et va faire la vaisselle !

18
La maison des Cloutier

Jacob Cloutier est écrasé dans les coussins moelleux du fauteuil. Ses jambes sont allongées, ses pieds sont croisés sur la table en verre. Son père déteste quand il s'installe ainsi, mais c'est justement pour ça qu'il le fait. Le match joue en sourdine à la télé ; les Canadiens mènent trois à deux contre Toronto. Jacob suit distraitement la rondelle des yeux pendant que son père, à la cuisine, argumente au téléphone avec le courtier immobilier. Il essaie de suivre la conversation, mais Étienne est champion pour parler sans se faire comprendre. Est-ce que la maison est vendue, oui ou non ? C'est tout ce que le garçon veut savoir…

Il songe au regard de la fille à l'aréna. Celle qui prend plaisir à le chasser de la patinoire. Ses yeux sont d'un bleu peu commun, le genre qu'on n'oublie jamais et qui vous obsède même dans vos rêves. Jacob n'a jamais rencontré quelqu'un d'aussi déterminé que lui à réussir. Elle a le feu sacré, ça se voit. Intrigué, il l'a observée travailler, pendant plusieurs minutes, son jeu de pieds sur la glace. Pour lui, le patinage artistique, c'est nul, mais cette fille a quelque chose de fascinant.

Ses pensées bifurquent vers ses amis. Il devrait les appeler pour leur expliquer ce qui s'est passé. Ils doivent tous se demander pourquoi il ne va pas à l'école cette semaine ! Mais est-ce qu'il en a vraiment envie ? Jacob soupire en passant une main dans ses cheveux en désordre. S'il avait son iPod, il pourrait au moins envoyer un message à Céleste, son amie française. Elle est la seule qui connaisse toute la vérité.

— C'est vendu !

La voix grave de son père tire Jacob de ses rêveries. Étienne donne une tape sur les pieds de son fils pour les faire descendre de la table.

— On déménage quand ?

— J'ai dû baisser le prix, mais je voulais que l'affaire se conclue rapidement.

Jacob est d'accord. En effet, quitter cette demeure est la meilleure chose à faire. Rien n'est plus pareil ici sans sa mère et sa sœur.

— Commence à faire tes boîtes, Jacob. Les acheteurs prendront possession de la maison dans deux semaines.

Père et fils iront habiter dans un condo, loin de leurs souvenirs.

19
Un message de Marie-Jade

Mon plan d'étudier pendant que les enfants de madame Caron dormiraient est tombé à l'eau. Échec total. Mes livres serrés contre ma poitrine, je rentre chez moi d'un pas rapide. Marcher seule le soir me fait toujours un peu peur. Je vais couler l'examen d'anglais demain ! Les foutus verbes irréguliers, c'est l'horreur. Comme si on n'en avait pas assez des conjugaisons compliquées en français !

Begin, began, begun… Break, broke, broken…

Je l'avoue : j'ai passé la moitié de la soirée à chercher le mot de passe de l'accès Internet chez les Caron pour continuer à fouiller dans les messages sur l'iPod. Pendant l'autre moitié, j'ai écouté un bébé pleurer. Pfff. Ce ne sera pas une raison très crédible pour excuser une mauvaise note.

De la rue, j'entends mon frère frapper sur sa batterie. Il aurait pu choisir n'importe quel instrument : le piano, la flûte, la guitare. Quelque chose de beau, de doux. Mais non ! Il aime tout ce qui est bruyant. Même le saxophone me paraîtrait moins pire. Quand Sam joue, toute la maison tremble. Les voisins appelleront encore la police pour se plaindre.

Je claque la porte, mais personne ne m'entend rentrer à cause du vacarme produit par mon frère. Je jette mes livres sur le banc, retire mes bottes d'un coup de pied. J'ai faim. Je veux un gros morceau de gâteau au chocolat avec de la crème glacée et du sirop d'érable. Ah ! Sam a lavé la vaisselle ! Histoire d'en salir à nouveau, je sors un bol. Bien sûr, il n'y a plus de gâteau ; l'assiette est vide. J'y trouve quelques miettes sèches. Je remplis mon bol de crème glacée, j'ajoute des fraises et du sirop d'érable avant de m'asseoir devant l'ordinateur sur la table de la cuisine. L'appareil appartient à ma mère. Je peux m'en servir pour regarder mes courriels. Après tout, mon iPod n'est pas encore vraiment à moi…

Grrr. La musique de mon frère m'agresse ! Trois minutes, c'est le temps que ça me prend pour m'habituer au bruit. Après, j'arrive à me concentrer sur autre chose. J'avale une bouchée, essuie les gouttes qui glissent sur mon menton… J'ai reçu un message de Marie-Jade !

De : Marie-Jade Pelletier
À : Iris Lépine
Objet : Ta nouvelle amie

Salut toi !

Je remarque que tu passes beaucoup de temps avec chose… euh… Emma. C'est, elle, maintenant, ta nouvelle BFF ? Sérieux, je me demande ce que tu lui trouves. Elle est tellement snob ! En tout cas, je te dis ça comme ça. Toi, tu es toujours ma best ! Je trouverais ça plate que tu me flushes pour ELLE !

M.-J. xxx

Je manque de m'étouffer avec un morceau de chocolat dans la crème glacée. Oh là là ! Je ne m'attendais pas à un tel message ! Marie-Jade se fout de moi depuis qu'elle sort avec son Laurent. Elle m'a souhaité une bonne fête du bout des lèvres il y a deux jours ! Je ne pensais pas que mon amitié avec Emma la dérangeait. Elle est devenue si indépendante… Mais ça me fait un petit velours qu'elle pense encore à moi!

Trop concentrée, je ne remarque pas que Sam a cessé son boum boum. Lorsqu'il referme ses bras autour de mes épaules, je crie et renverse un peu de sirop d'érable sur la table. Ouf! J'ai failli répandre tout mon bol sur le clavier. En plus, Sam est en sueur. Beurk!

— Hé! Tu es dégueu!

Il s'assoit sur la table, qui branle sous son poids. Je déplace l'ordinateur. J'observe son chandail mouillé, collé contre son torse. Depuis quand est-il si bâti? Jusqu'alors, je n'avais pas porté attention à ses épaules devenues larges et à ses bras musclés. Il est beau, pour un frère. Il devient un homme!

— C'est quoi, ton air bête? lance-t-il en me dévisageant.

Ah oui? J'ai l'air bête? J'ai surtout du chocolat partout autour de la bouche… Je racle le fond de mon bol.

— Un examen d'anglais que je vais pocher.

Sam lève un sourcil, ce qui fait retomber sur son front quelques mèches de cheveux.

— Rien de pire?

Il a raison; il y a pire.

— J'ai reçu un message de Marie-Jade.

— Qu'est-ce qu'elle veut, elle? réplique mon frère avant de se rendre au frigo.

Il en regarde le contenu pendant une éternité, comme s'il ne savait pas quoi choisir. Ma mère dit toujours que cela coûte une fortune en électricité de laisser la porte ouverte si longtemps !

— Elle n'aime pas que je passe beaucoup de temps avec Emma.

Sam prend finalement le jus d'orange. Il boit à même le contenant. Ça m'écœure chaque fois ! Si maman voyait ça ! Une chance qu'elle n'est pas encore rentrée.

— Si tu veux mon avis, elle peut bien sécher ! répond Sam.

Je croise les bras.

— C'est quand même mon amie depuis toujours.

— Ouais, c'est ça ! C'est elle qui t'a laissé tomber pour un gars.

C'est vrai. Mais rien à faire, je n'arrive pas à la détester.

— Marie-Jade est en amour. On perd la tête dans ce temps-là.

Mais qu'est-ce que j'en sais ? Je n'ai encore jamais été amoureuse d'un garçon – pour de vrai, je veux dire. À part Simon, en sixième année du primaire, quand sortir avec un garçon consistait à lui tenir la main à la récréation. Sam range le jus pour sortir le lait. Eurk !

— Emma est pas mal plus *cool.*

Évidemment.

Bon, est-ce que je réponds au message ou non ? Comme je me pose la question, un courriel d'Emma apparaît.

De: Emma Nantel
À: Iris Lépine
Objet: Sam

De loin avec des jumelles, ton frère est pas mal beau quand il joue de la batterie! ☺

As-tu pu explorer d'autres messages sur l'iPod? N'oublie pas de remplir le tableau si tu trouves des infos.

À demain!

Emma

P.-S. – J'ai hâte qu'on installe Messenger sur ton iPod pour que nous puissions discuter!

Elle a espionné mon frère de chez elle?! Pourquoi ne suis-je pas surprise?

De: Iris Lépine
À: Emma Nantel
Objet: RE: Sam

Tu devais faire tes devoirs, toi, au lieu de jouer au détective! Pas pu retoucher à l'iPod. Je dois étudier avant de me coucher!

À demain!

Iris

Je regarde le message partir. La seule pensée d'être obligée d'ouvrir mes livres d'anglais me déprime! Je n'ai pas envie de me casser la tête à apprendre par cœur des verbes. J'ai le goût d'un deuxième bol de crème glacée que je boufferais à moitié couchée sur le canapé avec mon iPod. Il y a encore tellement de choses à chercher dans les dossiers !

Je décide de vérifier si de nouveaux messages sont entrés depuis que j'ai quitté Emma.

20
Iris écrit à Céleste

Pendant que mon frère sirote le fond de la pinte de lait, je vois du coin de l'œil que de nouveaux messages sont arrivés dans la boîte courriel sur l'iPod. Impossible de résister à la tentation de les lire ! Je ne pense déjà plus à étudier. J'oublie même que l'anglais existe et que, demain, je m'en voudrai de m'être mal préparée aux questions. Je me lève un peu trop rapidement. Ma chaise fait du bruit en glissant sur le plancher. Je traverse la cuisine à grandes enjambées.

Sam me regarde monter l'escalier avec son air baveux.

— Tu es donc bien motivée pour étudier l'anglais, tout à coup !

— Ah ! mêle-toi de tes affaires !

Il me suit. Zut ! J'accélère l'allure pour atteindre ma chambre au plus vite.

— Iris Lépine, qu'est-ce que tu mijotes ?

J'essaie de fermer la porte, mais Sam pousse dedans. Il est trop fort, donc j'abandonne. Je tape du pied. Les yeux rieurs, mon frère croise les bras.

Je soupire. *Il m'énerve tellement, des fois !*

— Bon, tu veux tout savoir? Figure-toi qu'Emma t'a espionné de chez elle pendant que tu jouais sur tes tambours.

Gagné! Pour une fois, il reste muet. C'est très rare! J'en profite pour le pousser dans le corridor avant qu'il réagisse.

Bon, je suis enfin tranquille.

Je m'assois à l'indienne sur mon lit, qui me paraît minuscule comparativement à celui d'Emma. L'ourson en peluche avec une boucle jaune fait bébé quand je pense aux oreillers multicolores et de différentes dimensions de mon amie. J'attrape l'ourson par le bras et le lance dans la garde-robe. C'est déjà mieux!

J'ouvre la boîte courriel. Il y a deux nouveaux messages de Céleste Durand. Fébrile, j'ouvre le premier.

De: Céleste Durand
À: Sandman
Objet: Écris-moi, s'il te plaît!

Je me sens tellement loin! Dis-moi au moins si tu vas bien.

Céleste xxx

Je fronce les sourcils. Elle est tenace, cette fille! *Il ne peut pas te répondre, la grande, parce que j'ai son iPod.* Pourtant, le fameux Sandman pourrait se servir d'un ordinateur de l'école ou de celui d'un ami. Pourquoi ne le fait-il pas? Il n'a pas accès à Internet?

J'ouvre le deuxième courriel en croyant trouver un message identique au premier. Dans le genre: «Écris-moi; sinon je vais pleurer.»

De: Céleste Durand
À: Sandman
Objet: Encore moi…

Vidéo souvenir de cet été!

Bisous

Céleste xxx

Je télécharge la vidéo en pièce jointe, ce qui me paraît prendre une éternité… Le cœur veut me sortir de la poitrine! Qu'est-ce que je trouverai? Les premières images sont floues, comme si la personne qui tenait l'appareil bougeait trop vite. Puis je vois une fille. C'est Céleste, je la reconnais. Elle se promène à cheval, élégante dans une blouse blanche et un jeans serré. «Dis allô à la caméra!» C'est une voix de gars qu'on entend – elle vient sans doute de la personne qui tient l'appareil. Le volume de l'iPod était trop élevé et j'ai sursauté. Céleste envoie plutôt un bisou soufflé. C'est tout. La vidéo dure vingt secondes. Je la visionne une deuxième fois pour réécouter la voix du garçon.

«Dis allô à la caméra!»

J'ai beau passer la vidéo encore et encore, rien ne me vient. Oh! que j'ai envie de m'amuser un peu avec cette Céleste! Elle habite en Europe, alors je ne risque pas grand-chose. Hum! J'ai une idée: Sandman pourrait peut-être lui écrire un beau poème? Seule dans ma chambre, je souris comme une idiote. Et puis, si je me fais passer pour Sandman, ce sera une façon simple d'obtenir des informations sur l'identité de ce mystérieux garçon!

Non, ce serait mal d'agir ainsi…

Bah ! Je le ferai juste une fois ! C'est une blague.

Je tape « poème d'amour » dans Google. Je clique sur le premier lien, fais un copier-coller… Le texte est d'Alfred de Musset, mais je ferai semblant que c'est Sandman qui l'a composé.

De : Sandman
À : Céleste Durand
Objet : RE : Encore moi…

Allô !

Je vais bien. Voici un poème qui me fait penser à toi :

« Je suis perdu, vois-tu,
Je suis noyé,
Inondé d'amour ;
Je ne sais plus si je vis,
Si je mange,
Si je respire,
Si je parle ;
Je sais que je t'aime. »

Sandman

C'est trop beau ! La fille va craquer. J'envoie le message sans l'avoir relu. J'éprouve un moment de doute… et aussi de regret. Je me trouve moins drôle tout à coup. *Pas drôle pantoute.* Je laisse tomber l'iPod, qui atterrit sur mon couvre-lit usé. Pourquoi ai-je écrit un message en me faisant passer pour quelqu'un d'autre ? Je risque de m'attirer des ennuis ; ça finit toujours mal, ces histoires-là.

Je ne suis quand même pas la première à faire cette farce « plate » à quelqu'un, non ?

Je cours à la salle de bain. J'ouvre le robinet et me penche au-dessus du lavabo pour boire de l'eau. Quand je relève la tête, Sam est appuyé contre le cadre de la porte, les pieds croisés.

— Qu'est-ce que tu veux? marmonné-je en m'essuyant la bouche avec ma manche.

— Rien. J'attends que tu sortes pour prendre une douche.

Ah!...

— C'est bon, vas-y.

Je m'éclipse en évitant son regard. Il pourrait deviner que je suis contrariée et me poser plein de questions. Il est bon là-dedans. Il joue au père avec moi, parfois.

Finalement, je reviens sur mes pas.

— Euh... Sam...

Il tire sur le rideau de douche, ce qui fait du vacarme, et règle la température de l'eau.

Le bain chez Emma est immense, avec de vrais bancs qui moulent les fesses et des jets puissants qui sortent de partout. Le nôtre fait très années 1960 avec sa couleur bleu pastel. Il est tellement petit que je ne peux y déplier les jambes au complet.

Mon frère se tourne. Il attend que je parle. J'avale ma salive.

— Rien! Oublie ça.

Je fonce dans ma chambre. Je ne peux lui raconter toute l'histoire depuis le début. Ce serait trop long, trop compliqué… et sans intérêt pour lui.

Un peu de sérieux ! Il faut vraiment que j'étudie maintenant. L'iPod en sécurité dans ma poche, je descends l'escalier d'un pas lourd pour aller chercher mes livres d'anglais. J'étire le temps en alignant les souliers sur le tapis de l'entrée, en rangeant les vestes, les casquettes, les gants… J'ai l'envie soudaine de passer l'aspirateur et de classer en ordre alphabétique les livres dans la bibliothèque. Tout pour ne pas étudier. Les bouquins sous mon bras, je regagne l'étage sans grande motivation.

À quoi ai-je pensé ? C'est impossible de se concentrer quand on attend l'arrivée d'un courriel ; on est sur les nerfs. Mes yeux se tournent vers l'écran toutes les deux secondes même si, avec le décalage horaire, c'est le milieu de la nuit en France. Il y a donc peu de chance que Céleste réponde à mon message avant plusieurs heures. À plat ventre sur mon lit, je récite une série de mots dont je ne comprends pas le sens. J'ai toujours peur que l'iPod s'illumine. Je sursauterai sûrement au son de la sonnerie annonçant l'entrée d'un courriel.

Est-ce qu'Emma est couchée à cette heure ? Il faut que je lui raconte ce que j'ai fait !

— Hé ! entends-je soudainement.

Je m'assois en criant, une main sur mon cœur et le souffle court. C'est Sam.

— On cogne avant d'entrer, idiot ! hurlé-je.

Il prend une posture nonchalante, ce qui m'exaspère.

— Tu travailles fort ?

Il a une allure de porc-épic avec ses cheveux qui pointent vers le haut, comme s'il les avait tordus avec la serviette sans les peigner.

— Bof…

— Je me préparais à jouer à *Just Dance.* Ça te tente ?

Je souris en repoussant mes livres. De toute façon, je suis incapable d'étudier.

— Cette fois, je vais te battre !

— Jamais de la vie !

J'abandonne mon iPod sur le lit, puis je suis mon frère en bas. Tant pis si Céleste Durand répond !

21
Cauchemar

J'entends un son énervant. Pourtant, je suis à l'aréna en train d'exécuter mon programme devant une foule qui crie mon nom ! Je patine, je tourne, je souris…

Bip ! Bip ! Bip !

Je vais de plus en plus vite. Je pique un patin dans la glace, je saute.

Boum !

Je tombe sur les fesses. Les applaudissements cessent et ma mère est en colère.

Je me réveille en sursaut. Je tape sur mon réveille-matin pour le faire taire. Ouf ! C'était seulement un mauvais rêve. Quelle horreur ! J'espère que ce n'est pas un présage ; les compétitions approchent et je ne suis pas prête ! Je ne voudrais pas vivre pareille situation. Il faut que j'oublie ce cauchemar… Je repousse mes cheveux plaqués sur mon front avant de frotter mes yeux collés. Mais qu'est-ce que j'ai sur le nez ? Un bouton ?

Pendant que j'étire mes jambes, tourne mes chevilles et mes poignets pour les faire craquer, la réalité me frappe en plein visage : examen d'anglais, iPod, Céleste.

Je me redresse subitement dans mon lit. Je saisis l'iPod, posé sur la chaise me servant de table de chevet. Aucun nouveau message. Céleste n'a pas répondu. Je suis déçue ! Elle n'aime peut-être pas les poèmes…

Je m'habille rapidement. Il me reste trente minutes pour manger et étudier en vue de l'examen d'anglais si je veux éviter une catastrophe! Sam est planté devant le grille-pain. Je lui donne un coup de hanche pour le pousser et prends un verre dans l'armoire au-dessus de sa tête.

L'air moqueur, je l'interroge:

— As-tu fait des cauchemars sur ta défaite d'hier?

Je l'ai battu à *Just Dance*! Ça a même été facile.

— Pfff! Je t'ai laissée gagner.

Ses rôties sont prêtes. Il les tartine de margarine et de beurre d'arachide.

— Tu ne prends pas d'assiette? m'étonné-je.

Sam engloutit la moitié d'une rôtie en une seule bouchée.

— Non. Je contrôle le niveau de vaisselle sale, tu comprends?

Je souris. Voilà une bonne raison de me préparer des œufs!

22
Examen désastreux

C'était prévisible, mais maintenant, c'est confirmé: j'obtiendrai ma pire note à vie pour un examen d'anglais. Eurk! J'ai encore les mains moites. Marie-Jade disait toujours que les réponses lui venaient toutes seules quand elle bougeait les pieds, que cela activait son cerveau. Pfff! J'ai eu beau tambouriner avec mes semelles sous mon bureau pendant plus d'une heure, aucune réponse ne m'est tombée dessus par magie.

Pendant que je fixe le sol, me traitant de tous les noms pour avoir préféré jouer à un stupide jeu de danse sur une console de jeux vidéos plutôt qu'étudier, Marie-Jade arrive par-derrière.

— Tu parles d'un examen facile!

Je serre mes doigts sur mes livres.

— Ouais, trop facile.

Elle marche à côté de moi, comme dans le temps. Même nos pas n'ont pas perdu l'habitude de se coordonner.

— As-tu lu mon courriel, hier? s'informe-t-elle.

Elle parle sans doute de son message me signifiant que je passais trop de temps avec Emma.

— Non. J'ai passé toute la soirée le nez dans mes livres.

Ce n'est pas gentil de mentir, mais je n'ai pas l'énergie d'argumenter avec elle aujourd'hui.

— Ah ! OK ! s'exclame-t-elle.

Lorsque nous arrivons devant les toilettes, je lance :

— Excuse-moi, il faut que j'y aille !

Ça, ce n'est pas un mensonge, car j'ai envie pour vrai. Je n'ai jamais été aussi contente de croiser Emma. Elle se coiffe devant le miroir. Ses joues sont rouges ; elle sort probablement d'un cours d'éducation physique. C'est justement là que je m'en vais. Ça me fera du bien de frapper sur un ballon.

— Emma, j'ai quelque chose à te dire !

Je n'ai pas encore eu l'occasion de lui parler du message que j'ai envoyé à Céleste. Sam nous a de nouveau accompagnées ce matin, et ensuite nous n'avions pas les mêmes cours. Je m'enferme dans une cabine pour faire pipi puis m'assure que les autres sont vides. Je ne vois aucun pied sous les portes.

— Ton examen d'anglais, ça a bien été ? s'enquiert mon amie en passant un bâton sur ses lèvres.

Ce *gloss* les rend tellement brillantes !

— Pouah !... Oublie ça, c'était l'horreur. Non, je voulais te dire que deux nouveaux messages de Céleste Durand sont entrés hier soir dans la boîte courriel de Sandman !

Emma cesse de presser ses lèvres l'une contre l'autre.

— Et... ?

— Il y avait une vidéo d'elle! En plus, on entend la voix d'un garçon. C'est probablement lui qui filmait.

— *Oh my God!*

Une fille entre dans les toilettes, ce qui freine notre euphorie. Je me mets en mode chuchotement.

— Mais attends, il y a pire…

Emma s'approche pour entendre la suite.

— J'ai répondu à Céleste en me faisant passer pour Sandman! ajouté-je.

— Tu as fait quoi?

— C'était juste une blague, me défends-je, un peu honteuse. Je lui ai envoyé un poème.

Les yeux d'Emma sont ronds comme des deux dollars. Elle reste silencieuse, car la fille nous observe de loin en se lavant les mains. Ma copine me pousse vers la sortie; elle marche sur mes talons.

— Il faut que tu me montres tout ça! ordonne-t-elle.

J'ai laissé l'iPod dans mon casier. Nous prenons cette direction.

23
Mauvaise surprise

J'ai une mauvaise surprise en arrivant à mon casier.

— Ce n'est pas vrai !

— Quelqu'un a fouillé dans tes affaires ? crie Emma.

La porte est entrouverte et le cadenas pendouille. Il n'a pas été brisé ! Tout est en ordre à l'intérieur, mais l'iPod a disparu de la tablette. C'est la première chose que j'ai vérifiée ! Et dire que je l'avais laissé là pour ne pas l'apporter en classe durant l'examen et risquer de me le faire confisquer.

Mais on me l'a pris !

— C'est épouvantable ! s'époumone Emma. Il faut prévenir le surveillant ! Peut-être que quelqu'un a vu ce qui s'est passé.

Pour un iPod volé, Emma serait prête à faire venir la police, l'armée, l'escouade tactique. J'essaie de réfléchir. Le cadenas est intact ; il a donc été ouvert avec la combinaison. Sam la connaît.

Marie-Jade aussi !

Je me tourne pour parcourir des yeux la salle bondée d'élèves bruyants. Un groupe de filles jouent aux cartes, un gars marche sur ses mains, d'autres rigolent de le voir faire. J'aperçois enfin Marie-Jade assise sur un banc, les jambes croisées à la façon des mannequins dans les magazines. Elle a MON iPod dans les mains ! Une autre fille aux cheveux noirs regarde l'écran avec elle.

Aussitôt, je rassure Emma :

— Je l'ai trouvé !

Je traverse la salle, coupe la route à la gang du grand Fournier. Marie-Jade Pelletier me le paiera !

— Qu'est-ce que tu fais avec ça ?

Marie-Jade n'est même pas surprise de me voir. Je ne semble pas l'intimider non plus.

— Ah ! salut, Iris !

— Pourquoi as-tu ouvert mon casier ? Tu aurais dû me demander la permission !

Nous le partagions, mais elle a souhaité changer pour être avec Laurent... Marie-Jade se rend compte que je suis vraiment fâchée. Elle se lève. Nous nous fixons dans les yeux.

— Du calme ! Je cherchais mon crayon rose. Je me suis dit qu'il était peut-être resté coincé dans le casier.

— Ne touche pas à mes affaires !

Marie-Jade se rapproche encore un peu, assez pour que je sente l'odeur de sa gomme à la menthe.

— Au nombre de fois où tu as joué avec mon iPod, je n'aurais pas le droit d'en faire autant avec le tien ? Franchement, Iris ! On est des amies, après tout !

C'est vrai, elle a raison. Puisque je n'avais pas d'iPod, il m'arrivait d'utiliser le sien pour vérifier mes messages ou jouer à des jeux. On passait nos soirées à *chiller* dans sa chambre, à écouter Marie-Mai et à manger du chocolat. Ou des croustilles trempées dans la salsa. Mais ce n'est pas la même chose que de prendre l'appareil dans le dos de l'autre. Oh que non !

En ce moment, je suis très en colère. J'ai le goût de lui tirer les couettes comme lorsqu'on avait cinq ans. Mais connaissant Marie-Jade, je sais qu'il est préférable de ne pas trop montrer mon mécontentement. Je tends la main devant elle.

Elle soupire.

— Je comprends pourquoi tu es encore célibataire, Iris. Tu es tellement bébé !

Ma colère disparaît instantanément. Me faire ridiculiser de cette façon par une fille qui a été ma meilleure amie pendant des années, ça fait mal. Boum ! C'est comme un coup de poing au cœur. En me disant une telle chose, elle me rejette. Je me sens comme une gale sur un bobo qui ne veut pas guérir. C'est achalant, mais on est pris avec jusqu'à ce qu'elle disparaisse. Pourquoi Marie-Jade m'a-t-elle écrit un message pour se plaindre que je passe trop de temps avec Emma si je l'énerve autant ?

J'ai de la peine. Marie-Jade était précieuse pour moi ! Je croyais que rien ne nous séparerait jamais. Que nous serions amies toute notre vie, même lorsque nous serions vieilles.

Je referme ma main sur l'iPod.

— Je suis peut-être bébé, mais toi, tu as changé.

Est-ce elle que j'entends rire dans mon dos lorsque je rebrousse chemin ? Je refoule mes larmes, puis me dirige vers Emma qui nous a observées de loin.

— On ira t'acheter un nouveau cadenas ce soir ! Bon, maintenant, essayons de trouver une connexion Internet dans cette école. Je veux voir la vidéo de Céleste !

24
Emma et Iris en mission

Je cours à la bibliothèque, Emma sur les talons. C'est à cet endroit qu'Internet est le plus accessible dans toute l'école. Du moins, c'est là notre plus grande chance d'arriver à brancher mon iPod au réseau. Il faut faire vite, car la cloche sonnera bientôt.

— C'est à quel étage, déjà, la bibliothèque ? me demande Emma, essoufflée.

Ça lui apprendra à mettre des souliers avec un petit talon. Vive mes espadrilles !

— Au quatrième !

Encore quelques corridors à parcourir. Nous ralentissons notre rythme lorsque nous croisons la prof d'anglais. Merde, elle me regarde de travers avec ses gros yeux sévères. Je suis certaine qu'elle a déjà vu le désastre que représente ma copie d'examen ! Aussitôt qu'elle est hors de vue, je tire Emma par le poignet et nous reprenons notre course.

Nous surgissons dans l'atmosphère paisible de la bibliothèque comme deux éléphants dans un magasin de porcelaine. Ici, on perçoit des murmures, on entend le bruit des pas sur le tapis… Madame Pierrette nous dévisage par-dessus ses lunettes. Nous lui retournons un sourire angélique. Quelques zélés enterrés sous des piles de livres nous fixent durement.

On circule entre les tables. L'idée est de se coller contre les grandes fenêtres, pour obtenir le meilleur signal possible.

L'appareil essaie de se brancher. Ça prend une éternité. Je l'encourage avec des « Lâche pas, le grand ! » et des « Allez, tu es capable ! ».

La connexion est anormalement longue.

Grrr.

Réessayer. Réessayer. Réessayer.

Les élèves commencent à se lever afin de retourner en classe. Je secoue l'iPod.

— Allez ! Allez ! ALLEZ !

Oups ! J'ai parlé trop fort. Les têtes se tournent vers Emma et moi. Encore un sourire angélique de notre part.

— *Yes !* crie Emma.

Elle lève aussitôt les mains en signe d'excuse. On va se faire jeter hors de la bibliothèque si on ne se calme pas.

Il y a un nouveau courriel. Mon cœur palpite. Est-ce une réponse de Céleste ?

— Vite, il faut y aller ! chuchote mon amie.

Oh ! déception…

De : Thierry L.

À : Sandman

Objet : Suspendu ?

Man, une rumeur circule dans les couloirs à ton sujet: tu aurais été suspendu de l'école pour la semaine??? C'est quoi, ça? On t'attend sur la grosse roche du parc après l'école, à la même place que d'habitude!

Sinon j'irai peut-être te voir au match samedi!

Donne des news si tu peux!

Thierry

— On a la confirmation qu'il s'agit d'un sportif, constate Emma. Tu ajouteras ça au tableau.

Aucune réponse de Céleste… Je réfléchis à voix haute:

— Je me demande de quel parc il est question.

Un parc avec une grosse roche… Si on arrive à le trouver, on pourrait y aller.

— Il y a plusieurs parcs dans les environs, déclare Emma. On n'a pas le temps de regarder la vidéo. Go! La cloche va sonner!

Nous devrons faire le chemin inverse encore plus vite qu'à l'aller!

25

Le parc et la grosse roche

J'avance tête baissée. Il fait encore un temps de chien. C'est quand, la dernière fois que nous avons vu le soleil ? La pluie qui se change en neige frappe mon visage à cause du vent. Mais ce n'est pas ça qui nous arrêtera ! Nous voulons trouver le lieu de rendez-vous de Sandman et ses amis. Emma et moi avons décidé de vérifier dans les deux parcs situés à proximité. Le premier n'avait pas de roche, aucun arbre, et les bancs étaient barbouillés de graffitis. Il faut revenir sur nos pas et faire un détour pour nous rendre au deuxième parc.

— On fait ça pour rien, se plaint Emma, le toupet collé sur le front. Qui va *chiller* dans un parc par cette température ?

— Une gang de gars ! Tu le dis toi-même qu'ils n'ont aucune logique !

Une voiture passe trop près du trottoir et nous éclabousse. Eurk ! Emma lâche un cri qui me casse les oreilles et qui ressemble à une attaque de panique. Hon ! Ses beaux souliers blancs sont sales. Le parc est désert et le gazon froid est spongieux. Sploush ! Sploush ! Je sens mes bas se tremper. Emma a peut-être raison : c'est ridicule de perdre notre temps ici ! Elle essaie de marcher sur la pointe des pieds pour sauver ses souliers.

— Pas de roche ici non plus ! grogne-t-elle. On s'en va !

— Attends !

Je tente de sauter par-dessus un trou d'eau. Finalement, je rate mon coup et atterris en plein dedans. Là, c'est vrai que je suis mouillée ! Un peu plus loin, nous contournons une bâtisse renfermant des toilettes. Emma me regarde avancer en se balançant d'une jambe sur l'autre parce qu'elle est gelée. Quand j'aperçois trois gars adossés à l'abri du vent contre un mur du bâtiment, je fais de grands signes à mon amie afin qu'elle vienne me rejoindre. Vraiment, parfois, Emma a l'air d'une princesse. Je mets mon doigt devant ma bouche pour l'inciter à cesser de crier à chacun de ses pas.

— Quoi ? !

Je montre les gars qui parlent fort, téléphone à la main. Nous frôlons le mur en tôle pour écouter leur conversation.

— C'est eux, tu crois ? chuchote Emma.

J'essaie de voir quelque chose, mais ma face est plaquée contre son manteau mouillé.

— Je ne sais pas. Est-ce que tu aperçois une roche quelque part, toi ?

— Non…, murmure-t-elle.

Elle sort son iPod pour prendre des photos. Cela semblait une bonne idée, jusqu'à ce que l'appareil lui glisse des mains et tombe dans l'eau ! Si je pensais qu'Emma avait frôlé l'hystérie plusieurs fois depuis que je la connais, je m'étais trompée. Là, c'est la totale ! Elle se penche pour ramasser son iPod, se foutant éperdument que son pantalon traîne dans la boue. Je me demande si elle s'évanouira, pleurera ou se remettra à crier… Finalement, elle fait un peu des trois. Elle essuie son précieux jouet, souffle dessus, lui parle comme si c'était un animal de compagnie. *Oh ! Je suis désolée, mon pauvre petit…*

Les trois gars nous observent pendant quelques secondes avant de lever les yeux au ciel.

— Est-ce que ton iPod fonctionne encore? lui demandé-je du bout des lèvres.

Si Emma m'apprend qu'il est brisé, je devrai subir la crise du siècle et la ramasser en larmes…

— Je ne sais pas. Attends, je vais le tester…

Suspense!

Elle appuie sur le bouton. Nous attendons en retenant notre souffle. Ouf! Il s'allume.

— Yé!

Pendant ce temps, les trois garçons ne se préoccupent nullement de nous.

— Bon, on s'en va! déclare le plus grand aux deux autres. Sandman ne viendra pas aujourd'hui…

Nous n'avons pas vu la roche dont Thierry parlait dans son courriel, mais nous avons trouvé les amis de Sandman!

26
Patinoire à partager

C'est bien excitant, lire les messages sur l'iPod et espionner des gars dans un parc, mais cela me distrait de mes études et de mon patin. Il faut que je sois plus sérieuse si je veux réussir. Et il faut que ma mère soit fière de moi! Le mercredi, il n'y a aucune activité à la patinoire avant dix-huit heures. Pas de patinage, pas de hockey. Des personnes âgées se réunissent parfois pour faire quelques tours, mais après quinze minutes elles se retrouvent autour de la machine à café pour jaser du temps froid. La place est déserte. Miro, le gérant, m'aime bien, alors il me laisse patiner gratuitement.

Dans les bourrasques de vent, je marche rapidement, le nez caché dans mon coupe-vent. Brrr! On gèle et mes orteils sont engourdis. Une petite neige d'automne tombe, ce qui génère de la gadoue partout sur les trottoirs. J'aimerais courir, mais c'est trop glissant. Emma est allée sauver son iPod qui a plongé dans un trou d'eau. Je prie pour que la victime ne garde aucune séquelle. L'iPod de mon amie, c'est toute sa vie!

Je m'apprête à poser ma main sur la poignée de la porte d'entrée principale de l'aréna, mais quelqu'un le fait avant moi. Je lève les yeux.

Non, ce n'est pas vrai!

— Qu'est-ce que tu fais là? marmonné-je, déjà à bout de nerfs.

Le numéro 87 me regarde de haut avec des flocons dans les cheveux.

— Et toi ? réplique-t-il.

— Il n'y a pas de hockey, aujourd'hui. La glace est libre et je me suis arrangée avec Miro pour pouvoir m'entraîner.

— Moi aussi, j'ai la permission de Miro.

On se fixe quelques secondes en silence. Qui cédera ? Je tire sur la poignée et me faufile à l'intérieur du bâtiment. Je cours jusqu'au bureau de Miro. Le joueur me suit de près. Son gros sac de hockey ne le ralentit pas une seconde. Le gérant sursaute en nous voyant débouler dans son bureau comme des tornades.

— Hé ! Miro, je t'avais dit que je voulais m'entraîner ce soir !

— Je t'ai demandé la même chose, hier, et tu m'as dit oui !

Miro nous regarde à tour de rôle. Puis il pose ses larges mains à plat sur la pile de papiers devant lui.

— J'avais pensé qu'on pourrait séparer la patinoire en deux. D'un côté, Jacob, tu fais tes tirs au but ; de l'autre, toi, tu exécutes tes toupies. Pensez-vous pouvoir vivre avec ça ?

Tiens, tiens ! Le numéro 87 s'appelle Jacob. Il pince les lèvres. Moi aussi.

— Ça marche, oui ou non ? s'impatiente Miro.

Le garçon et moi chuchotons un « ouin ». Dans l'escalier, l'immense sac de hockey me frappe l'épaule. Je rebondis contre le mur.

— Je ne veux pas voir une seule rondelle traverser de mon côté! fulminé-je.

Il me regarde de biais.

— Et moi, je ne veux pas entendre ta musique endormante!

À cause de sa réplique, je sortirai la radio qu'on met parfois sur le bord de la bande pour nous entraîner sur la musique de notre programme. Katy Perry. Il adorera!

Jacob disparaît dans un vestiaire, moi dans une autre pièce juste à côté. Je lace mes patins en vitesse. Je veux être la première sur la glace!

Pas de chance, Jacob patine déjà quand j'arrive. Il n'a pas enfilé son équipement au complet, seulement ses patins et un gros chandail à capuchon. Son bâton de hockey à la main, il se déplace à reculons avec aisance, comme s'il volait sur la glace. Jamais il ne dépasse la ligne du milieu qui sépare nos territoires respectifs.

Bon, maintenant, je dois me concentrer.

J'installe la radio, règle le volume au maximum. Le son est horrible; même moi, j'ai mal aux oreilles. Je suis déçue, car Jacob ne réagit pas. Planté sur la ligne bleue, il se concentre sur ses tirs. Et moi qui espérais l'énerver! Mais rien. Il ne lève même pas le regard.

Bon.

Je fais quelques tours pour réchauffer mes muscles. J'oublie rapidement que je ne suis pas seule et esquisse quelques mouvements. L'axel me donne du mal. Pourtant, ce saut en est un de base. Je tombe, je recommence. Une fois, deux fois… À ma troisième tentative, je traverse par mégarde du côté de Jacob en terminant la figure.

Il m'observe, appuyé contre son bâton.

— Ça a l'air plutôt facile.

Facile ? Vraiment ?

— Ça ne l'est certainement pas plus que de lancer une rondelle dans un filet désert !

Jacob hausse un sourcil avant de me mettre au défi.

— Tu veux essayer pour voir ?

Je regarde le filet, puis le bâton. *Je suis capable de faire ça, voyons !* Le menton levé, je patine jusqu'à Jacob, aucunement intimidée par son sourire en coin. Il me tend son bâton. Oh ! Il est plus long et plus lourd que je le pensais. Et le filet semble très loin.

Comme si j'avais fait ça toute ma vie, je saisis le bâton et frappe la rondelle de toutes mes forces. Ouf ! Je manque près de tomber la tête la première sur la glace dans mon élan. En plus, la rondelle ne se rend même pas au filet ! L'air rieur de Jacob blesse mon orgueil. Je recommence.

Cette fois, le bout de caoutchouc passe à côté du filet. La fois d'après aussi. J'exécute de petits tirs inoffensifs qu'un enfant de deuxième année arrêterait sans se faire mal. OK, je l'admets : cet exercice n'est pas si facile et je perds mon temps. Tant pis ! Au moment où je décide de redonner le bâton à Jacob, ce dernier s'avance vers moi.

— Tu dois frapper avec tout ton corps, et non pas forcer seulement avec tes poignets. Sers-toi de ton élan.

Il essaie d'être gentil? Je tente un autre tir en suivant ses conseils. Y aller avec tout mon corps, c'est aussi ce que je dois faire pour réussir un saut. Ah! Cette fois, c'est mieux!

— C'est ce que je disais: trop facile! lancé-je sur un ton moqueur avant de retourner de mon côté de la patinoire.

— Elle est «plate», ta musique! me crie-t-il.

Je ne le regarde pas, mais je sais qu'il sourit.

Je ne me préoccupe plus de lui jusqu'à ce qu'on se retrouve une heure plus tard devant la même machine distributrice. En fait, il arrive juste au moment où je suis à quatre pattes par terre. Mon deux dollars a roulé sous la machine.

— As-tu un problème?

Je l'entends glisser son argent dans la fente, puis une bouteille tombe.

— Non, aucun!

J'y suis presque. Mes doigts effleurent la pièce de monnaie dans la saleté vraiment trop dégueulasse sous la machine. Encore un peu… Bon, voilà!

Je me redresse. Jacob est frais et dispo. Moi, j'ai l'air d'un chat mouillé tellement j'ai sué.

— Tu as pris le dernier thé glacé? m'écrié-je.

Un voyant rouge est allumé. La case est vide. Je rêvais d'un thé glacé depuis tantôt! Je meurs de soif!

Jacob hausse les épaules.

— Désolé, je ne savais pas…

Je dois me contenter d'un jus d'orange.

— J'ai remarqué que tu t'entraînes beaucoup, déclare-t-il entre deux gorgées.

— Ouais ! Pas le choix, si je veux être prête pour les compétitions. Toi aussi, tu passes beaucoup de temps ici.

J'essaie d'ouvrir ma bouteille de jus, mais je n'y arrive pas. Jacob me la prend des mains. Il la décapsule aisément. Je murmure un merci.

— Il le faut bien, me répond-il, si je veux être le meilleur.

Je hoche la tête. Je comprends. Ses yeux brillent de détermination. La force que je perçois en lui ressemble beaucoup à la mienne.

Mon jus à la main, je reprends mon sac et le balance sur mon épaule. C'est l'heure de rentrer. J'ai hâte de voir si le mystérieux Sandman a reçu de nouveaux messages.

— Euh…

Alors que je suis sur le point de pousser la porte de sortie, j'ai l'impression que Jacob a quelque chose à ajouter. Il fait un pas vers moi. *Qu'est-ce qu'il me veut ?*

— Il y a un temps de glace libre demain soir entre dix-huit et dix-neuf heures. Miro m'a dit que je pouvais m'entraîner. Si tu veux venir, ça ne me dérange pas.

Je bois une gorgée pour me donner le temps de trouver une réponse. Je suis bouche bée. Il m'offre vraiment de partager la glace avec lui ?

— Mais c'est à la condition que tu ne mettes pas ta musique! me taquine-t-il.

Difficile à croire, mais on échange un premier sourire.

— Peut-être que je serai là. Merci!

27
La réponse de Céleste

Distraite par mes pensées, j'avale ma soupe sans vraiment écouter la conversation entre ma mère et mon frère. Ce dernier veut obtenir son permis de conduire ; ma mère refuse. D'après moi, sa réponse ne risque pas de devenir un « oui » si Sam insiste un peu et s'il ajoute « ma petite maman d'amour » à la fin de chacune de ses phrases. C'est un « non » catégorique ! Il n'y a aucun espoir ! Moi, je m'en fous, mais pour Sam, ouille ! Ils discutent entre deux bouchées de pain chaud et de beurre fondant.

Je souffle sur chaque cuillerée trop brûlante du potage aux carottes en songeant à Jacob. Le joueur numéro 87. Ce gars-là a quelque chose d'étrange. Je ne sais pas trop si je dois l'aimer ou le détester. C'est tout un compétiteur. Je sais qu'il est prêt à tout pour gagner et atteindre ses objectifs. Je le croyais même égoïste, jusqu'à ce soir. Mais quand il m'a offert de partager la glace avec lui, il avait l'air sincère. C'est la première fois que je rencontre quelqu'un qui semble habité par la même volonté de réussir que moi. C'est plutôt troublant.

— Et toi, Iris ? Ton entraînement, ça va ?

Je cligne des yeux. Ma mère me regarde pendant que Sam aspire bruyamment sa soupe.

— Oui… Oups ! J'ai oublié de faire sécher mes patins !

Je me lève d'un bond, contourne la table pour mettre mon bol à moitié plein dans l'évier. Ma mère me suit des yeux.

— Iris Lépine, qu'est-ce que tu me caches ?

C'est impossible de mentir à ma mère, car elle devine tout. Elle appelle ça « l'instinct maternel ».

— Rien, maman, je te le jure. J'ai des devoirs à faire !

Mon frère ne songe à rien d'autre qu'à sa prochaine bouchée. Il dévore toujours tout comme s'il n'avait pas mangé depuis des semaines.

Oui, je me sauve bel et bien. Je n'ai pas envie de subir le regard sévère de Julie. Je n'ai pas envie qu'elle me demande si je maîtrise l'axel, si j'ai amélioré ma chorégraphie, si je serai prête à temps…

Je préfère m'enfermer dans ma chambre. Je ressors même l'ourson en peluche que, la veille, j'avais lancé dans la garde-robe. Il est laid, froissé, il lui manque un œil et ça fait bébé, mais je me sens mieux quand il est sur mon lit. Un vieux complice, ça ne se balance pas aussi facilement la tête la première avec les autres traîneries. Il connaît trop de secrets pour ça !

Céleste n'a toujours pas répondu au message de Sandman… euh… à mon message. C'est plutôt étonnant. A-t-elle découvert que le courriel ne provenait pas de Sandman ? Comment serait-ce possible ? Le poème n'était peut-être pas une bonne idée…

Je crois que c'est le bon moment pour entreprendre des recherches approfondies dans l'appareil.

J'ouvre iTunes et fais jouer une liste de lecture au hasard. La chanson *On va s'aimer encore* de Vincent Vallières débute. Je fredonne les paroles que je connais par cœur. Quand je pense que c'est un garçon qui écoutait cette ballade, je la trouve encore plus belle.

Oh non! La pile de l'iPod est à 15%; je vais avoir besoin du fil de chargement... Je me frappe le front. Zut! Il est sur le comptoir de la cuisine. Si je vais le chercher, je risque de me faire accrocher par ma mère. J'ouvre la porte. Sam ne parle plus de permis de conduire, mais de scooter. Maman est dans tous ses états. C'est ma chance! Je descends sur la pointe des pieds, prenant soin d'éviter les marches qui craquent et de frôler le mur. Le fil est à côté des trois bananes trop mûres. Elles sont brunes! Beurk! Ma mère nous forcera à les manger dans notre gruau demain matin. *Ici, on ne gaspille pas.* Je suis d'accord, en principe, mais des bananes molles... Je me lèverai en douce cette nuit pour les balancer par une fenêtre!

— Sam, il est hors de question d'acheter un scooter! Même si j'étais millionnaire, je refuserais. Je ne veux pas voir mes enfants se tuer sur un tel engin!

Mon frère lève les bras au ciel.

— Maman, un scooter, ce n'est pas une moto sport qui roule à deux cents kilomètres à l'heure! Ça roule en pépère! Ce n'est pas dangereux.

Ils se disputent encore, ce qui est parfait pour moi! Je fonce vers ma cible, prends le fil. Puis je fais demi-tour, déjà prête à déguerpir.

— Toi, Iris, est-ce que tu penses qu'un scooter, c'est dangereux? m'interroge Sam.

Je m'immobilise. Mon frère me demande de l'aide. Ma mère incline la tête et attend ma réponse. Je dois peser mes mots. Puisque je n'ai pas envie de prendre part au champ de bataille, je choisis le camp gagnant: celui de maman.

— Euh... oui. Je trouve que c'est très, très dangereux!

Sam veut me tuer avec son couteau à beurre mais maman est satisfaite, ce qui m'évite une discussion ennuyante. Désolée, frérot !

De retour dans ma chambre, je m'installe sur mon lit pour explorer la boîte courriel de l'iPod. Dommage qu'Emma ait un cours de natation ce soir ; j'aurais aimé qu'elle soit là. Elle aussi, d'ailleurs. Mon amie a même songé à inventer un travail d'équipe urgent pour traverser chez moi au lieu d'aller à la piscine. J'ai surtout hâte de comparer la photo des gars vus au parc avec celles dans mon iPod !

La chanson de Vincent Vallières est terminée. *Love again* de Full Power prend le relais. Je fais défiler les messages de Céleste. Le premier qui a été envoyé à Sandman date de la fin de l'été.

De : Céleste Durand

À : Sandman

Objet : Mes condoléances

Allô,

La nouvelle me rend tellement triste ! Mon séjour chez toi, grâce à un échange étudiant, a été si merveilleux ! Je ne peux croire que j'ai perdu ma jumelle... Je suis terriblement désolée.

Mes condoléances à toute ta famille.

Elle restera toujours dans mon cœur.

Céleste xxx

Ma poitrine se serre. De ce que je comprends, la sœur de Sandman serait décédée ? J'en ai des frissons. Je poursuis ma lecture.

De: Sandman
À: Céleste Durand
Objet: RE: Mes condoléances

Merci, c'est gentil. Ma sœur parlait souvent de toi.

Sandman

Céleste Durand était donc une amie de la sœur de Sandman. Un échange étudiant avec la France? Wow! Je veux faire ça! Mais cela doit coûter très cher… Je survole les courriels suivants. Il est question de souvenirs, de conversations sur les nouveautés au cinéma, sur les études de Céleste et de Sandman. J'apprends que celui-ci va dans une école privée et qu'il est inscrit dans une concentration en sports. *Info à noter dans le tableau!* Je me penche sous le lit, tire le carton blanc.

Nom: ?	Famille: Mère en Europe Une sœur décédée	Autres observations: Party chez Jo samedi
Surnom: Sandman Suspendu de l'école pour la semaine?	Amis: Céleste Durand (Paris) Thierry L. (Dossier des photos «Fête de T.») Cédrick	
Âge: Ado	École privée	Sportif

Je mordille le bout de mon crayon tout en continuant mes recherches. Cette activité est encore plus palpitante que de lire un roman ! Un message attire mon attention :

De : Céleste Durand

À : Sandman

Objet : Photos

Allô !

Voici quelques photos que j'avais prises avec ta sœur. J'ai pensé que tu aimerais les voir. Et cesse de te torturer. Ce n'est pas ta faute ce qui est arrivé !

À bientôt !

Céleste xxx

Mais qu'est-ce qui est arrivé ? Un accident ? Et pourquoi l'événement serait-il la faute de Sandman ? Je regarde les clichés joints au courriel. Deux filles souriantes et complices photographiées à l'entrée d'un musée, sac à dos sur l'épaule. Un *selfie* où elles se tiennent par le cou. Un autre avec la sœur qui salue de la main, assise sur un banc. J'observe attentivement cette image… La fille semble tellement heureuse. Visiblement, elle ne se doutait pas qu'elle mourrait bientôt. C'est triste. On ne sait jamais ce qui nous attend. Vite ! Je dois poursuivre ma tâche avant de paniquer sur mon propre sort ! *Je veux vivre jusqu'à cent ans, bon !*

De : Sandman

À : Céleste Durand

Objet : RE : Photos

Merci pour les photos. Oui, c'est ma faute! Tu ne sais pas tout. C'est horrible!

Sandman xxx

De: Céleste Durand
À: Sandman
Objet: RE: Photos

Je t'appelle!

Céleste xxx

De: Sandman
À: Céleste Durand
Objet: RE: Photos

Ça m'a fait du bien de te parler... Merci de m'avoir écouté!

Sandman xxx

Merde! Ce n'est pas vrai! Il n'y a aucun détail! Je me rends compte que j'avais cessé de respirer en lisant les messages. Je reprends mon souffle. J'espérais quoi? Des aveux? Tout ça ne veut rien dire. Un frère qui se considère comme responsable de la mort de sa sœur? Na! Ça n'arrive que dans les films, ces affaires-là.

Je presse l'iPod contre ma poitrine pour me calmer. Ouf! J'ai beau essayer de me convaincre du contraire, ce sont des messages inquiétants. Une vraie intrigue policière! Voilà exactement le genre de trucs personnels que je ne voulais pas découvrir en fouinant. Pendant deux secondes et demie, je me demande si je devrais continuer à lire. Mais il est trop tard pour ces interrogations, car j'en sais déjà trop!

Je remonte dans le temps en ne parcourant que l'objet des messages: «Bonne fête!», «Devoir de français...», «Cinéma». Je décide d'ouvrir un courriel portant le titre «Ton adresse».

De: Céleste Durand
À: Sandman
Objet: Ton adresse

Salut!

Ça va? Peux-tu me donner ton adresse postale complète? J'ai quelque chose à t'envoyer!

Céleste xxx

De: Sandman
À: Céleste Durand
Objet: RE: Ton adresse

432, rue des Coteaux
Drummondville QC J2B 6R2

Mon cœur cesse de battre! Je relis encore, certaine d'avoir halluciné. *Je suis fatiguée, je devrais me coucher.* Cette rue, c'est la mienne! Le garçon qui possédait l'iPod avant moi habite tout près; je le croise même peut-être tous les jours. Je tape l'adresse sur Google. Étienne Cloutier.

Étienne Cloutier.

«Les Cloutier vendent leur maison...»

Il s'agit des Cloutier dont madame Leclerc m'a parlé ! Ils vivent dans le château au bout de la rue devant lequel une pancarte à vendre a été installée. Je me souviens qu'elle a aussi parlé de leur fille, à qui il était arrivé malheur. C'est étrange, je n'ai jamais vu aucun adolescent sortir de cette maison, ni eu vent d'un drame quelconque. Soudain, je me rappelle qu'une jeune fille est tombée d'une falaise, il n'y a pas si longtemps, dans la région. C'était peut-être elle ?

J'ai hâte d'annoncer tout ça à Emma ! Je me mets à griffonner sur le tableau.

Nom : ?	Famille : Mère en Europe Une sœur décédée (Un accident?)	Autres observations : Party chez Jo samedi
Surnom : Sandman Suspendu de l'école pour la semaine?	Amis : Céleste Durand (Paris) Amie de sa sœur (N'aime pas les poèmes?) Thierry L. (Dossier des photos « Fête de T. ») Cédrick	Adresse : 432, rue des Coteaux!!!
Âge : Ado	École privée	Sportif

Trop énervée, je décide de descendre pour écrire à Emma avec l'ordinateur de ma mère. Mais deux nouveaux messages entrent en même temps sur l'iPod. Ding ! Ding !

C'est Céleste ! Je n'attendais plus de réponse, d'autant plus que c'est la nuit en France en ce moment.

De : Céleste Durand
À : Sandman
Objet : Re : Encore moi…

Allô !

Wow ! Je ne te croyais pas si sentimental ! lol

Tu me fais rougir. ☺

On pourra s'en parler de vive voix, car je suis en vacances au Québec pour deux semaines ! Je passerai te voir !

Écris-moi si tu peux !

Céleste xxx

Non mais je rêve !

Je mordille le bout de mes doigts. Pourquoi lui ai-je écrit en me faisant passer pour Sandman ? Ce n'était pas une bonne idée ! Et maintenant, la voilà qui débarque en ville ! Bon, eh bien, le garçon devra s'improviser poète ou lui avouer que ces beaux mots ne venaient pas de lui. J'aimerais bien être un petit oiseau pour voir la scène. Ça risque d'être un peu drôle. *Oups !*

J'ouvre le deuxième message.

De : Thierry L.
À : Sandman
Objet : Samedi

Jo m'a dit que tu serais à la fête samedi ? Good ! Il m'a aussi appris que tu t'étais fait confisquer ton iPod ? Vraiment poche ! Pourtant, Outlook indique que tu es en ligne. Bizarre...

Écris-moi si tu peux !

À plus !

Thierry

Oh my God! Cette histoire devient complètement absurde… C'est évident que tout le monde commence à se poser des questions. Il faudra bientôt cesser d'utiliser la boîte courriel de Sandman et élaborer un autre plan. J'en ai quelques-uns en tête. Par exemple, Emma et moi pourrions observer les allées et venues des Cloutier ! Ce serait un bon début. Aussi, samedi, Sandman assistera à la fête. Si nous voulons l'identifier, il faudra que mon amie et moi allions à la soirée chez Jo…

Pour le moment, la meilleure chose à faire est d'effacer le courriel échangé avec Céleste. J'espère seulement que Sandman ne l'a pas déjà vu…

28

Jacob regarde ses courriels en cachette

Étienne Cloutier a laissé son portable ouvert sur le comptoir de la cuisine. Jacob hésite… Si son père le surprend à utiliser son ordinateur, il pourra dire adieu pour de bon à son iPod ! Mais il aimerait bien savoir s'il a reçu de nouveaux courriels. Ça ne lui prendrait que deux minutes pour vérifier ses messages. Son père fait du ménage dans le garage ; il ne s'en rendrait même pas compte…

Un clic. Outlook s'ouvre. Jacob tape rapidement son adresse électronique ainsi que son mot de passe en jetant de fréquents coups d'œil à la porte qui donne sur le garage. Le champ est libre.

Il survole ses courriels entrés récemment. Il y en a plusieurs de Céleste. Il n'a pas le temps de tous les lire. Thierry et Cédrick lui ont également écrit souvent. En lisant les messages de ses amis, il se rappelle la fête chez Jo. Ce n'est pas si important, mais Cédrick veut lui remettre quelque chose. Ça concerne sa sœur Juliette… Jacob trouvera bien le moyen de s'y rendre ! Selon Thierry, son profil est en ligne. Hum ! Quelqu'un se servirait-il de son courriel ?

Il y a du vacarme dans le garage ; un objet est tombé par terre. Jacob entend son père bougonner. Il doit faire vite et aller à l'essentiel : donner signe de vie à Céleste.

De : Sandman
À : Céleste Durand
Objet : C'est moi !

> Je vais bien ! Mon père a confisqué mon iPod, donc impossible de voir mes courriels depuis une semaine. Je t'écris dès que je peux !
>
> Sandman xxx

Autre urgence : Jacob doit modifier son mot de passe. Si quelqu'un utilise effectivement son courriel, ça lui coupera l'herbe sous le pied. Étienne ouvre la porte de la cuisine au moment où Jacob ferme Internet.

29

Espionnes en herbe

À six heures trente le jeudi matin, je suis accroupie derrière un buisson. Mes genoux baignent dans la gadoue et je grelotte à cause de la pluie froide. Emma est avec moi. Son capuchon mouillé couvre sa tête. *Eh oui! Encore de la pluie!*

— Tu aurais pu mettre autre chose que ton manteau rose, grogné-je.

Pour que nous passions inaperçues, cette couleur est vraiment parfaite!

— J'aurais aussi pu enfiler un sac à ordures! rigole-t-elle. C'est un bon camouflage. Je l'ai déjà testé[2]!

Les branches du cèdre me chatouillent les joues. Je fixe la maison portant le numéro 432. Les chiffres dorés sont vissés sur une affiche de bois qui se balance au vent. Emma et moi avons prétexté un travail d'équipe à la bibliothèque pour partir plus tôt. On veut voir qui sortira du château qu'habite Sandman.

Les gens commencent à quitter leur demeure. Certains ont à la main une mallette, un sac à lunch ou un café. Ils marchent vite, la tête baissée; visiblement, le mauvais temps les rend maussades. Je les comprends! Mes bas

2. Référence à la série *Le Club des Girls* de la même auteure.

trempés et mes cheveux dégoulinants ne me donnent qu'une envie : aller boire un chocolat chaud chez madame Leclerc, qui demeure juste en face des Cloutier. Ce serait tellement bon…

— Il n'y a aucun mouvement à l'intérieur, observe Emma, déjà prête à prendre des photos avec son iPod. Même pas une ombre, un rideau qui bouge…

— Je te l'avais dit : je n'ai jamais vu personne sortir de cette maison ! Il y a quelque chose de pas *cool* ici…

Une heure plus tard, je meurs de faim et mes jambes sont si engourdies que je me demande si j'arriverai à les déplier. Tant pis ! Je me lève en grimaçant. Emma attrape aussitôt mon poignet et me plaque au sol. Je tombe les fesses dans l'eau. Il ne manquait plus que ça !

— Attention, penche-toi ! chuchote mon amie. Ton frère arrive.

Les jambes en compote, je me replace en petit bonhomme. J'essaie de faire écran pour cacher le manteau coloré d'Emma. Sam passe sur le trottoir ; il a les mains dans les poches et ses écouteurs sur les oreilles. Se rend-il compte qu'il pleut, au moins ? Pfff. Il aurait fallu qu'on lui saute dessus pour qu'il nous voie. Mon frère est tellement dans sa bulle.

Il n'y a toujours aucun signe de vie dans la maison du 432. Et pas de lumière allumée à l'intérieur, ni d'adolescent qui dévale l'escalier en vitesse avec un sac d'école et une pomme à la main. Je remarque qu'un autocollant « Vendu » a été placé sur la pancarte plantée dans le gazon. Les Cloutier déménageront bientôt ! Le temps nous est donc compté pour voir qui habite ici.

Je me relève.

— Bon, c'est l'heure d'aller à l'école! formulé-je.

Au moment où Emma soupire en essuyant ses joues mouillées par la pluie, la porte du garage de la maison s'ouvre. Nous reprenons notre poste d'observation. Entre les branches, nous regardons la Mercedes descendre l'allée. Emma sort des jumelles de sa poche. Alors là, je nous trouve un peu pathétiques et désespérées, dissimulées derrière un buisson pour espionner les voisins.

Mon amie me fait la description suivante sur un ton de journaliste à la télévision:

— C'est un homme. Il est seul et porte un complet. Les vitres teintées à l'arrière sont trop foncées pour que je puisse distinguer s'il y a quelqu'un d'autre dans la voiture.

— Qu'est-ce que vous faites là, les filles?

Nous nous tournons d'un bond. Emma laisse tomber ses jumelles. Zut! C'est la gang à Fournier – les terreurs de l'école qui font peur avec leurs manteaux en cuir. Je fais un pas derrière Emma qui dévisage les gars sans cligner des yeux. Elle sait mieux que moi comment ne pas se faire marcher sur les pieds!

— C'est évident, non? On fait de l'observation d'oiseaux!

Euh… Qu'est-ce qu'elle vient de dire là?

Moment de flottement, durant lequel tout le monde analyse sa réponse. De l'observation d'oiseaux en pleine ville un jeudi matin quand il pleut?

Fournier hausse un sourcil avant de faire un signe de tête. Sa bande et lui s'éloignent. C'est clair qu'ils nous prennent, Emma et moi, pour des cinglées.

— Tu aurais pu trouver mieux, grogné-je.

— Allez, on décampe ! Sinon on sera en retard !

30
Deux filles et une bibliothécaire

Depuis deux jours, Emma et moi suivons notre petite routine. Entre les cours et pendant l'heure du dîner, nous courons à la bibliothèque pour nous brancher au réseau WiFi de l'école. Ça ne fonctionne pas toujours, mais l'effort est là ! On essaie d'être discrètes ; sinon madame Pierrette, bec pincé, nous pose des questions. On emprunte même des livres pour lui faire plaisir.

Debout devant le comptoir, j'attends qu'elle inscrive mon livre dans l'ordinateur. Il s'agit d'un documentaire sur les grands champions de patinage artistique. Je pense qu'elle fait exprès de prendre son temps… Emma m'attend à notre table habituelle, le visage caché derrière une bande dessinée de Tintin.

Je soupire. *Allez, madame Pierrette ! On a seulement quinze minutes entre les cours !* Ses lunettes sont trop épaisses et ses ongles, trop longs. Taper sur les touches de clavier n'a pas l'air facile… Elle me tend enfin mon livre avec un sourire sadique. Elle fait peur, des fois, la bibliothécaire. En plus, elle porte souvent le même chandail. On se demande si elle sort d'ici, parfois. Les étudiants s'amusent à dire qu'elle dort entre deux étagères de livres !

Je me force à marcher d'un pas normal jusqu'à Emma, qui commençait à s'impatienter. Je hausse les épaules.

— C'est la faute à la bonne femme ! me défends-je. Elle a pris plaisir à me niaiser !

Je sors l'iPod de ma poche. Wow! Il est déjà branché! C'est un record. Je m'assois de manière à me dissimuler à la vue de madame Pierrette. Cette dernière est tellement contre les jouets électroniques. Ouach! Mon pantalon est encore humide de notre séance d'espionnage de ce matin. Cela me fait frissonner. Je n'en dis rien à Emma, mais ses cheveux ont mal supporté notre escapade. Ça m'étonne qu'elle ne se soit pas regardée dans un miroir pour s'arranger. Selon mon amie, la coiffure constitue la priorité d'un look soigné. Elle en fait une obsession.

Même si j'avais dit que je ne le ferais plus, je clique sur la boîte courriel de Sandman pour voir s'il y a du nouveau. Mon mouvement de recul inquiète Emma. Je ressens la même impression que lorsque je croque dans une pomme sure.

— Quoi? souffle-t-elle.

— Je tombe sur la page d'accueil d'Outlook! Il faut entrer le mot de passe!

Emma m'arrache l'appareil des mains.

— Ah ben, maudit! s'exclame-t-elle.

Je lui donne une tape sur le bras pour qu'elle baisse le ton. Madame Pierrette a levé la tête.

— Tu sais ce que ça veut dire? me demande Emma, l'air de n'attendre aucune réponse. Ton Sandman a changé son mot de passe!

Je passe l'ongle de mon pouce entre mes dents pour gruger ce qu'il en reste.

— Il a compris que quelqu'un utilisait sa boîte courriel…

— Changer le mot de passe, c'était la meilleure façon d'éviter que n'importe qui ait accès à ses messages. Merde, on va perdre sa trace!

— Pas complètement! lancé-je.

— Ah non?

J'avais prévu le coup! J'extirpe un papier de ma poche. Ouf ! Il est mouillé à cause de la pluie de ce matin et je dois le déplier avec précaution pour ne pas le déchirer. L'encre a coulé…

— J'avais pris en note les adresses électroniques de Sandman, Thierry et compagnie.

— Bingo!

Grrr. Emma a encore parlé trop fort, car madame Pierrette s'amène avec sa carcasse trop maigre dans son chandail trop grand. Elle a les jambes si effilées qu'on craint toujours qu'elles cassent en deux quand elle marche. La bibliothécaire se dirige droit sur nous. On est cuites!

— Les filles, ici règnent le calme et le silence. Allez dans la grande salle en bas si vous voulez vous énerver!

Dans un geste synchronisé, ma copine et moi hochons la tête sagement. La dame plisse les yeux avant de s'éloigner. Aussitôt qu'elle replace ses lunettes sur son nez, nous reportons notre attention sur l'iPod. Fidèle à elle-même, Emma prend le contrôle des opérations:

— OK, voici ce qu'on va faire! Connecte-toi à ton courriel. Ensuite, tu écriras un message à ce Thierry.

— Pour lui dire quoi?! Coucou, j'ai l'iPod de ton ami?

Le genou droit d'Emma sautille pendant qu'elle réfléchit. J'ouvre mon courriel pour gagner du temps. Oh! J'ai reçu un autre message de Marie-Jade.

De: Marie-Jade Pelletier

À: Iris Lépine

Objet: Mes excuses

Allô…

Excuse-moi d'avoir pris ton iPod sans ta permission. Je suis trop habituée que tout ce qui est à moi est à toi, et le contraire. Ce soir, viens donc faire un tour chez nous. J'ai plein de nouveaux vêtements à te montrer. Tu pourras m'emprunter ce que tu veux!

On se voit à l'école.

M.-J. xxxxxxxx

En effet, je m'ennuie de sa garde-robe! *Beaucoup.* Marie-Jade s'achète du nouveau linge toutes les saisons. On avait l'habitude de partager les chandails et les robes. Depuis qu'on ne se voit plus, je dois porter les trois mêmes jeans et mes vieux chandails que j'use depuis deux ans.

Emma me ramène au présent en tapant sur la table.

— Je le sais! s'écrie-t-elle.

— Chut! On va se faire bannir de la biblio à cause de toi!

— Tu écriras à ce Thierry que tu es une amie de Sandman et qu'il t'a invitée à la fête chez Jo, samedi prochain. Comme tu n'as pas de nouvelles de lui, tu aimerais savoir exactement où aura lieu le *party*! C'est bon ça, non?

Je retrousse le nez. Hummm! Je ne suis pas certaine qu'il s'agisse d'une super idée.

— Mais s'il vérifie auprès de Sandman avant de me répondre, il saura que ce n'est pas vrai. Et puis il se demandera comment j'ai eu son adresse!

De la main, Emma esquisse un geste théâtral.

— Aucune chance! Les gars ne pensent pas à ce genre de choses! C'est nous, les spécialistes, pour nous créer des scénarios. Il n'y verra que du feu. Allez, écris!

Elle a raison. Je tape l'adresse de Thierry.

De: Iris Lépine
À: Thierry L.
Objet: Fête chez Jo

Salut,

J'ai croisé Sandman. Il m'a parlé d'un party chez Jo samedi, mais je n'arrive pas à le joindre pour obtenir l'adresse de Jo. Peux-tu m'aider?

Iris

Maintenant, il ne reste plus qu'à espérer une réponse.

31

Un iPod en classe

Monsieur Denis, le prof de français, nous explique avec sa passion habituelle comment écrire une nouvelle. Pauvre lui, il fait face à une classe inerte composée de petits oisillons qui le fixent, le regard vide. Ou peut-être sommes-nous abasourdis, tout simplement. Il n'est pas facile à suivre. C'est un enseignant qui se déplace constamment et qui nous fait sursauter avec ses élans théâtraux. Moi, ce sont ses vêtements toujours trop colorés qui me perturbent – aujourd'hui, un jeans jaune citron porté avec une chemise rouge et une cravate orange. Même Pierre Lapointe a l'air classique à côté de monsieur Denis. Avec ses cheveux longs et sa barbe d'une semaine, on se demande d'où il sort.

Le problème avec lui, c'est qu'il répète la même chose de quatre façons différentes. Il y a longtemps que j'ai compris qu'une nouvelle, c'est un texte plutôt court sur un sujet précis et comportant une conclusion étonnante. Le reste du cours, je pense au message que j'ai envoyé à Thierry. J'espère qu'il répondra ! Il faut vraiment que nous allions à cette fête, Emma et moi. Étant donné que je n'ai pas l'intention de passer tous les matins cachée derrière un buisson pour espionner la maison des Cloutier, je veux connaître l'ancien propriétaire de mon iPod. C'est qui, cet ado qui trimbale des photos de sa sœur décédée ? Que s'est-il vraiment passé ? De quoi a l'air un gars qui écoute Vincent Vallières, mais qui est aussi inscrit dans une concentration sports-études dans une école privée ? Tant de questions en suspens…

— Mademoiselle Lépine !

Mes fesses se décollent d'au moins trois centimètres de ma chaise. Je pense que mon cœur a aussi raté un battement ! Monsieur Denis vient de me surprendre à rêvasser alors qu'il circulait dans mon allée. Tout le monde trouve ça drôle. Moi, je viens d'avoir la peur de ma vie.

— Qu'est-ce que c'est que ça ? demande le prof en pointant ses pieds.

Je ne sais pas pourquoi, mais je n'ose pas regarder. Les « oups ! » de mes voisins me font douter. Je baisse lentement la tête. *Oh my God !* J'ai fait tomber mon étui à crayons en sursautant. Mes crayons roulent sous les bureaux, mon iPod gît devant les souliers blancs de monsieur Denis. Tout ce que j'espère, c'est que l'appareil ne soit pas cassé ! Ensuite, je pince les lèvres. Je viens de me souvenir que les trucs électroniques sont interdits en classe !

Le prof ramasse mon iPod. Il le tourne et le retourne plusieurs fois entre ses mains, ce qui m'inquiète. Il réfléchit ! Le temps s'est arrêté. Va-t-il m'envoyer chez le directeur ? Tout le monde l'observe en se demandant ce qu'il fera. Monsieur Denis glisse l'appareil dans sa poche…

— Tu viendras me voir à la fin du cours, m'ordonne-t-il.

32

La conséquence d'Iris

Pour une fois, le cours de français a passé trop vite… Les minutes ont semblé s'écouler à la vitesse des secondes. Mes camarades quittent la classe en me lançant des regards ; certains me prennent en pitié, d'autres m'envoient du courage. Je range lentement mes livres, mes crayons… Qu'est-ce qui m'a pris d'apporter mon iPod en classe ? Je secoue la tête. Je ne voulais pas risquer de le perdre ou de me le faire voler. Ni que Marie-Jade se mêle encore de mes affaires. D'ailleurs, elle est bouche bée. *Eh oui ! Iris Lépine a fait un mauvais coup.*

Surtout, j'attends impatiemment la réponse de Thierry à mon courriel ! Pas question de rater la fête chez Jo ! Il faut que je reconnaisse devant le prof que j'ai fait une gaffe et que je promette de ne jamais recommencer – croix sur mon cœur. Le *party* aura lieu samedi. Si monsieur Denis décide de me confisquer l'appareil pendant une semaine – comme il l'avait fait avec celui du grand Fournier –, je suis foutue. La fête sera passée. J'ignore encore ce que je ferai si je me retrouve face à l'ancien propriétaire de l'iPod. Je verrai en temps et lieu. Est-ce que je lui dirai la vérité ? J'ai déjà l'impression de le connaître un peu, ce Sandman…

Monsieur Denis attend que tous les élèves soient sortis avant de s'adresser à moi, ce que j'apprécie grandement ! Je n'aurais pas aimé être humiliée devant tout le monde. C'est déjà assez pénible comme ça. Est-ce que j'aurai une fiche rouge ? Si c'est le cas, ma mère m'empêchera de toucher à mon nouveau jouet jusqu'à la fin de l'année scolaire. Peut-être même plus longtemps !

— Iris, tu connais le règlement, lâche-t-il d'une voix grave, ce qui est inhabituel chez lui.

Monsieur Denis parle toujours d'une voix aiguë et joyeuse. Il a placé mon iPod à plat sur son bureau. Mes livres serrés contre ma poitrine, j'avance timidement jusqu'à lui. C'est la première fois que je me fais disputer par un prof. Ce n'est pas très agréable, même si monsieur Denis ne semble guère effrayant – du moins par son look. Je n'ose imaginer ce qui me serait arrivé si je m'étais retrouvée devant le prof d'histoire ! Monsieur Giroux ne tolère rien, pas même une mouche qui vole dans son local.

— Oui, monsieur, je connais le règlement.

Il soupire. Je comprends qu'il ne sait pas quoi faire. Je ne suis pas le genre d'élève à créer des problèmes : toujours ponctuelle et tranquille, je fais mes devoirs et j'obtiens de bons résultats. J'ai droit à une chance, non ? Un simple avertissement, peut-être ?

— Alors pourquoi as-tu apporté ton iPod en classe ? Il y avait une raison précise ?

Mon cerveau tourne à une vitesse folle ! Il faut que ma réponse soit convaincante. C'est là que tout se jouera ! J'ose lui faire le coup du regard piteux, celui qui exaspère mon frère, mais qui fonctionne très bien avec ma mère quand je sollicite une faveur.

— J'avais peur de me le faire voler, car mon cadenas est défectueux.

C'est bon, ça ! Je suis fière de ma réponse. Monsieur Denis passe une main sur son visage, ce qui étire ses traits. Il est sur le point de céder, je le sens !

— Je n'ai pas le choix, Iris, je dois t'imposer une conséquence.

Mes épaules s'affaissent. *Merdouille !*

— Je n'ai pas envie de te confisquer ton appareil pendant une semaine et de te le redonner ensuite comme si de rien n'était.

Je ne suis pas certaine de comprendre. Et honnêtement, son expression malicieuse m'inquiète un peu.

— Ah non ? Comment pourrai-je le ravoir, dans ce cas ?

Monsieur Denis se lève et se met à faire de grands gestes. Le prof passionné est de retour !

— Pour récupérer ton iPod, tu devras participer au match d'improvisation de la troupe demain soir.

Hein ? Quoi ? J'ai le vertige…

— Après, je te redonnerai ton iPod. Tu l'auras pour le week-end ! Est-ce que ça te va ?

Monsieur Denis est lui-même un personnage. Ce n'est donc pas étonnant qu'il s'occupe de la troupe de théâtre et d'improvisation.

— Mais je n'ai jamais fait d'impro de toute ma vie ! protesté-je, paniquée.

Je suis capable de vider les poubelles, de laver les planchers, de décoller les gommes à mâcher sous les bureaux… Mais peine perdue, car le regard du prof pétille.

— C'est justement ce qui est fantastique avec l'improvisation : on n'a pas besoin de se préparer !

Son rire m'effraie. Il me lâchera vraiment dans une arène remplie d'élèves qui prennent plaisir à se ridiculiser devant un public ? Notre troupe est la meilleure ! Elle gagne tout plein de concours contre d'autres écoles ! J'ai déjà assisté à une finale. Réellement impressionnée par le talent des joueurs, j'avais songé que cette activité n'était vraiment pas pour moi. *AU SECOURS !* Pourtant, monsieur Denis sait que je vomis avant chaque exposé oral !

Du calme ! Ce n'est peut-être pas pire que de patiner devant mille personnes dans un aréna. *Pouah ! Mets-en que c'est pire ! Je vais mourir.*

— Ce sera amusant, tu verras ! La troupe se réunit justement après l'école. Cela te donnera l'occasion de rencontrer les joueurs pour une première séance !

Amusant ? *Ouais, c'est ça…*

33

Pire journée à vie

À la cafétéria, je dépose mon plateau à moitié vide à la place libre devant Emma. Elle mord dans son croissant au jambon.

— Tu manges juste ça ? s'étonne-t-elle quelques secondes plus tard en regardant ma pomme et mon yogourt. C'est vrai que le pâté chinois n'est pas trop ragoûtant ! On dirait de la nourriture pour chat.

Le pâté chinois est toujours bon. Du moins, correct. Avec du ketchup, tout est mangeable. C'est monsieur Denis qui m'a coupé l'appétit !

— Je n'ai pas faim !

Je tire la chaise pour m'asseoir. Je n'ai pas le temps de lui raconter ce qui m'arrive que Marie-Jade apparaît.

— Et puis, est-ce que le prof t'a confisqué ton iPod ? veut-elle savoir.

Emma me lance un regard incertain. Elle a même cessé de mastiquer et la trace de mayonnaise sur ses lèvres m'écœure un peu. Debout près de notre table, Marie-Jade ne semble pas du tout compatissante. Elle paraît même plutôt excitée que j'aie été punie.

— Oui, mais je vais le récupérer demain, annoncé-je. Tu peux te dépêcher d'écrire ça sur ta page Facebook ! ajouté-je en serrant les dents.

Marie-Jade pose une main sur son cœur.

— Franchement, ce n'est pas mon genre. Pfff ! En tout cas, ta conséquence ne durera pas trop longtemps. Ah ! Laurent est là-bas. À plus !

Marie-Jade part en trombe. Je croque dans ma pomme. Visiblement, Emma attend que je lui raconte les derniers événements.

— Mon étui à crayons est tombé par terre, indiqué-je, la bouche pleine. Le prof a vu mon iPod. Je pourrai le ravoir demain à la condition de participer au match d'improvisation de l'école.

Emma éclate de rire.

— Toi, faire de l'impro ?

Je sais, ce sera un désastre. J'en ai déjà des sueurs froides. J'essaierai de garder ça secret. Sinon Marie-Jade pourrait débarquer pour me filmer !

— Je t'avais dit de ne pas l'apporter en classe, me semonce Emma.

— Je sais ! Mais je ne voulais pas risquer de me le faire voler encore une fois.

— Marie-Jade ne l'avait pas vraiment volé…

Sam passe en coup de vent.

— Hé, la sœur ! Tu te lances dans l'improvisation maintenant ?

Grrr.

— Les rumeurs courent vite !

Avant la fin de la journée, toute l'école saura qu'une fille s'est fait confisquer son iPod et qu'elle devra faire de l'impro pour le récupérer. Mon frère jette un coup d'œil à Emma, qui a toujours une trace de mayonnaise sur la bouche.

— Tu viendras voir le match avec moi?

Emma rougit en hochant la tête.

NON! Je cache mon visage au creux de mes mains. C'est la pire journée de ma vie!

34
Local de théâtre

Tout le monde se tait à mon arrivée dans le local de théâtre. *Allô ! C'est moi la coupable qui viens subir sa conséquence.* Je ne connais personne dans la troupe. Monsieur Denis se détache du groupe pour m'accueillir.

— Entre, Iris ! J'ai expliqué aux autres que tu participerais au match de demain soir. On affronte l'équipe de Longueuil. Ce ne sera pas facile !

Vraiment super ! Je ferai tout rater.

Ma présence ne semble perturber personne. Des élèves sont assis par terre, d'autres, sur des chaises ou directement sur les tables. Ils paraissent de bonne humeur. C'est sûrement parce qu'ils sont impatients de jouer. Moi, je suis la petite sportive qui envahit leur terrain de jeux. Je frôle les murs, effrayée à la simple idée d'ouvrir la bouche.

Ça m'a pris tout mon courage – et beaucoup de tapes dans le dos de la part d'Emma ! – pour me présenter dans le local coloré du deuxième étage. Mes genoux tremblent, comme lorsque je fais un exposé oral. Je déteste parler en public. Imaginez ce que représente pour moi le supplice de devoir jouer la comédie ! Il ne manquerait plus que je sois obligée de chanter…

Je dépose mon sac avec tous les autres dans un coin de la pièce. C'est étrange ; tout le monde est calme, sauf moi.

— Aujourd'hui, on se met à deux, indique le prof. Vous pigez des sujets dans le panier et vous improvisez pendant trois minutes sur chacun d'eux.

Non, vraiment, je ne suis pas à ma place ici ! Pourquoi les membres de la troupe rient-ils ? Ils sont contents de se prêter à l'exercice ? Moi, je ne sais même pas comment faire !

— Tu veux essayer avec moi ? me demande une des joueuses.

Je recule d'un pas. Une fille à la très belle voix et au visage sympathique vient de m'aborder comme si nous nous connaissions depuis toujours. Les élèves ici sont trop joyeux, trop motivés et trop impatients de faire des pirouettes. En plus, ils sont tous beaux !

— Ne t'en fais pas, me rassure la fille. C'est la première fois qui est la pire ! Après, tu auras la piqûre !

Euh… pas sûre. Après, si je ne suis pas morte, je me sauverai très loin pour que personne ne puisse reconnaître celle qui était trop poche… J'imagine la joueuse devant moi avec des patins dans les pieds. Si je lui demandais d'exécuter un axel en lui disant que c'est facile, elle aurait le goût de pleurer. *Comme moi, dans le moment présent.*

— Je m'appelle Laurie.

Cette élève, qui veut être mon amie, a les cheveux châtains et les yeux bruns.

— Iris…

— Je pige en premier ?

Je hausse les épaules. *Fais donc ça.* Elle ne sait pas à quel point je m'en fous. Je veux seulement qu'on commence, afin que mon supplice se termine au plus vite. J'ai chaud. J'enlève mon chandail à manches longues, agite mon t-shirt pour me faire un peu de vent. Laurie plonge sa main dans le panier, agite les papiers… C'est long. Elle prend même tout son temps pour lire. D'ailleurs, son sourire n'augure rien de bon. J'imagine déjà le pire !

— « Vous vous rendez à l'école et vous croisez un chien bleu… »

Arf !

35

Jacob contre Iris

Faire semblant de voir passer un chien bleu, alors que je me trouve en réalité dans un local ordinaire de l'école, c'est la chose la plus étrange que j'aie faite de toute ma vie ! Pendant une seconde, j'ai même cru que Laurie, ma partenaire, était possédée ! « *Oh my God!* Un gros chien bleu ! Il fonce dans notre direction. Vite, sauvons-nous ! » Elle a presque sauté dans mes bras, et son visage paraissait vraiment effrayé. Alors c'est ça, jouer la comédie ?

À la fin, elle m'a dit que j'étais bonne, mais je pense que c'était par pure politesse. J'ai été nulle. Mettre de l'émotion dans ma voix ? Euh… Demain soir, devant tout le monde, je m'évanouirai sûrement ! « Viens ici à l'heure du dîner demain. On va s'exercer. » Elle est vraiment gentille, cette Laurie. En fait, ils sont tous charmants dans cette troupe. Une belle gang ! Ils me font penser à une équipe de hockey. Ensemble à la vie, à la mort.

Parlant de hockey… Je cours jusqu'à l'aréna, sautant par-dessus les flaques d'eau que la pluie a laissées. Jacob m'avait invitée à m'entraîner ce soir. Mais avec toute cette histoire d'improvisation, je suis en retard. Et étant donné que mon iPod est déjà confisqué, ce n'est pas le moment de négliger le patin ! Mon sac sur l'épaule, j'avance le plus vite que je peux tout en grugeant une barre tendre. J'ai faim. Jouer à l'actrice creuse autant l'appétit qu'une heure de patinage.

J'aperçois Jacob qui arrive en sens inverse. Il marche calmement, un thé glacé à la main. Pour lui, les trous d'eau ne constituent pas un problème, car il les enjambe. Lorsque je passe la porte, je suis un peu essoufflée. GO ! Cette fois, je serai sur la patinoire avant lui.

Je veux aller trop vite, alors mes lacets s'emmêlent et il me faut une éternité pour défaire le nœud. Quelle journée moche ! Je l'ai commencée, les deux genoux dans l'eau, en espionnant un voisin. Ensuite, monsieur Denis m'a surprise avec mon iPod en classe ; à cause de ça, je suis obligée de faire de l'improvisation. Et maintenant, Jacob sera prêt avant moi. Allez ! J'enfonce mes pieds dans mes patins, je tire sur les lacets, les croise et fais une boucle.

Je pousse la porte qui grince, avec le mince espoir d'être la première sur la glace. Jacob est appuyé contre la bande, un drôle de sourire plaqué sur le visage. *Ouais, je sais, tu as gagné...* La tête haute, je passe devant lui et saute sur la patinoire.

Boum ! Je fais le grand écart... Je me retrouve à quatre pattes sur la glace devant le garçon. Il passe à côté de moi en riant. Mais qu'est-ce qui s'est passé ? Ah !... J'avais oublié d'enlever mes protège-lames.

Maudite journée.

Je libère les lames de mes patins, lance les bouts de plastique sur le tapis de caoutchouc. J'ai mal à mon orgueil. Je patine quelques tours sans regarder le joueur de hockey, puis me rends compte qu'il va plus vite que moi. D'avant, de reculons. Je n'aime pas particulièrement ce garçon, j'aime encore moins le hockey, mais il est beau à voir. Quand il passe à côté de moi, un courant d'air m'effleure. Ça m'incite à accélérer... Zut ! Il accélère un peu plus, lui aussi ! Qui tiendra le plus longtemps ? Je n'abandonnerai certainement pas la première, même si le cœur veut me sortir de la poitrine et que j'ai peur de vomir ma barre tendre !

Nous tournons comme des toupies jusqu'à ce que Miro, le gérant de l'aréna, nous lâche un cri.

— Hé ! Ne faites pas seulement du patinage. Il faut vous entraîner, les jeunes !

Pliés en deux pour reprendre notre souffle, Jacob et moi laissons doucement glisser nos lames sur la glace. Une fois immobilisés, nous nous dévisageons. Je sais qu'il pense la même chose que moi : « Qui aurait gagné ? »

Il hoche la tête.

— Pas si mal, pour une fille !

Grrr.

D'un jeu de pieds habile, il fait demi-tour pour gagner son côté de la patinoire. Le filet et des rondelles l'attendent. Je me promets que nous reprendrons notre petit défi bientôt !

J'ai tellement fourni d'efforts pour patiner que j'ai les jambes molles. Mon saut me donne encore du mal. Le fait que le joueur de hockey me lance des regards de temps à autre me déconcentre complètement. Impossible de faire comme s'il n'était pas là. Orgueilleuse, je déteste chuter devant les gens ! Surtout devant lui…

Au moment où je me rends compte que j'ai tourné du mauvais côté, Jacob me crie :

— Attention !

Quelque chose de dur heurte mon genou et je culbute par-derrière. Mon épaule amortit ma chute dans la bande. Zut ! La rondelle m'a frappée de plein fouet sur sa trajectoire.

Pendant que le garçon s'approche de moi, je me tiens le genou à deux mains.

36
La blessure d'Iris

J'ai beau essayer d'avoir l'air forte, la douleur est si intense que je n'arrive pas à bouger. Je tente de retenir mes larmes, mais c'est peine perdue ; elles coulent sur mes joues. J'ai un peu mal au cœur. *Voyons, Iris, reprends-toi !* Ce n'est pas ma première blessure, alors je m'oblige à respirer doucement pour me calmer. J'ai vécu pire quand une fille m'a ouvert la joue avec sa lame de patin. J'entends Jacob freiner à mes côtés. Il se laisse choir près de moi. Son beau visage apparaît dans mon champ de vision.

Il pose sa main sur mon épaule.

— Merde ! s'écrie-t-il. Je ne t'ai pas vue ! Qu'est-ce que tu faisais de mon côté ?! Tu as mal ?

J'essuie les larmes qui s'échappent au coin de mes yeux.

— C'est ma faute, je ne regardais pas où j'allais…, articulé-je péniblement.

J'essaie de me relever. Après tout, ce n'était qu'une rondelle, alors je n'en mourrai pas. Jacob me tend la main pour m'aider. Je suis incapable de mettre du poids sur ma jambe. Une chance que Jacob me soutient…

— Viens, me dit-il. On va aller mettre de la glace sur ton genou !

— Mais non, ça va…

Ouille ! La raideur dans mon genou me coupe le souffle. Après quelques coups de patin, c'est encore pire. Oh non ! J'espère qu'il ne s'agit pas d'une blessure sérieuse ! Je dois absolument m'entraîner et participer aux compétitions. J'ai encore tant à faire ! Je sais que Jacob me comprend. Si c'était lui qui devait rater des matchs de hockey, il ressentirait la même panique que moi... Il passe son bras autour de ma taille – sans doute dans un élan de culpabilité – pour m'aider à sortir de la patinoire. Je m'accroche à lui.

— Je vais aller te chercher de la glace. Ensuite, tout ira mieux. Tu seras correcte, tu verras !

Le croire me fait du bien. Oui, je serai correcte. Il le faut, sinon ma mère ne sera pas contente... Je me cramponne à Jacob pour sautiller jusqu'à un banc. Sa douceur me surprend ; chacun de ses gestes est très délicat. Tout le contraire de l'impression qu'il dégage lorsqu'il pousse une rondelle au bout d'un bâton, soit celle d'un joueur assoiffé de victoires. Accroupi devant moi, il desserre mes lacets en examinant mon genou. Son air grave me fait craindre le pire ! Pourtant, même si c'est douloureux, j'arrive maintenant à déplier ma jambe. Ouf ! Rien de cassé !

Jacob me laisse seule deux minutes, le temps d'aller chercher un sac de glace. Il y en a toujours dans le congélateur du local d'infirmerie. Lorsqu'il revient, ses patins encore dans les pieds, il dépose le sac sur mon genou.

— Je suis désolé, je ne voulais pas te faire mal ! Je t'ai vue trop tard.

Serait-ce de l'inquiétude que je vois dans ses yeux toujours si déterminés et méfiants ? J'ai presque le goût de sourire.

— Je sais...

Au fond, c'est mon erreur.

— Ne bouge pas, je vais aller enlever mes patins. Je te rapporterai ensuite tes affaires.

Il s'éloigne en marmonnant quelque chose que je ne comprends pas. Quoi?! Il s'en va retirer ses patins? Il ne retournera pas s'entraîner, faire des tirs au but? Je suis si abasourdie que j'en oublie la douleur lancinante de mon genou. À moins que ce ne soit la glace qui gèle mon mal! Jacob revient avec toutes mes affaires: mes bottes, mon manteau, mon sac… Il les laisse sur le banc avant de s'asseoir de l'autre côté.

— Est-ce que quelqu'un peut venir te chercher? me demande-t-il. Il faudrait que tu ailles à l'hôpital pour faire examiner ton genou…

— J'aurai sans doute un gros bleu demain matin, mais ça ira.

Je ne peux pas lui dire que personne ne peut me conduire à la clinique. Ma mère travaille toujours le soir. Ce serait ridicule de la déranger pour un genou tordu et se faire dire que ça passera avec de la glace et deux comprimés d'Advil.

— Tu devrais y aller, insiste Jacob. Dans notre milieu, traîner une blessure, ça peut nous nuire à long terme.

Il se met à fouiller dans son sac. Il en sort une nouvelle bouteille de thé glacé.

— Tu en veux?

Ma boisson préférée! Se souvient-il que j'adore le thé glacé ou est-ce un hasard? J'hésite une seconde; je ne vais quand même pas lui quêter à boire… Tant pis, j'ai vraiment soif! Je n'ai pas besoin de répondre, il a déjà ouvert la bouteille, qu'il me tend. J'avale une longue gorgée. C'est le meilleur thé glacé que j'ai bu de toute ma vie ! Je me sens mieux. Et mon genou est moins douloureux.

— Tu as raison, admets-je. Il ne faut jamais négliger une blessure. En plus, je dois monter sur le podium à la prochaine compétition. Sinon…

Mais qu'est-ce qui me prend de lui parler comme ça ! Ce n'est pas à lui que je dois me plaindre de toute la pression du monde qui pèse sur mes épaules, étant obligée de gagner une médaille. Il me conseillera de retrousser mes manches et de travailler !

— Sinon quoi ?

C'était évident que Jacob allait répliquer ! Je lui lance un regard lourd de sens. Il a saisi l'essentiel, car il hoche la tête.

— Je te comprends, reprend-il. Moi, je dois marquer un but à mon prochain match. Sinon…

C'est à son tour de ne pas terminer sa phrase. Les mots semblent difficiles à prononcer. Je me trompe ou il n'a pas l'air si heureux ? Je ne suis donc pas la seule à devoir me surpasser ?

— Sinon quoi ? ne puis-je m'empêcher de lui demander.

Bon joueur, il sourit.

— Sinon mon père me fera son sermon habituel. Il exige que je marque au moins un but par match, si je veux garder mon iPod. Le hockey, c'est sérieux !

Il roule les yeux. Pour ma part, je suis presque heureuse de constater que ma mère n'est pas la seule à faire du zèle.

— Ma mère a menacé de me confisquer mon iPod aussi si je ne remportais pas une médaille à ma prochaine compétition !

Je n'ai donc pas le droit de me blesser, car cela m'empêcherait d'atteindre ce but ! Les épaules de Jacob se courbent. Il presse ses doigts les uns contre les autres à leur extrémité.

— Depuis quelques matchs, je n'ai pas réussi à marquer, avoue-t-il. J'ai perdu mon iPod et l'accès à Internet. Et les sorties entre amis me sont interdites…

Nous soupirons en même temps. C'est un peu pathétique, tout ça. J'ai envie de lui donner une tape dans le dos pour l'encourager. Ça me fait du bien de voir que quelqu'un vit la même chose que moi.

— Il faut comprendre nos parents, dis-je enfin. Ils investissent beaucoup de temps et d'argent dans notre sport. Ils sont tellement fiers ! Mais ça prend des résultats.

— Je vis seul avec mon père, déclare Jacob. Franchement, j'ai du mal à saisir ses motivations. Il voudrait que je sois le meilleur, le futur Sidney Crosby, ajoute-t-il en pointant le numéro 87 sur son chandail.

Nous avons vraiment plusieurs points en commun. Lui, avec son père ; moi, avec ma mère. Je bois quelques gorgées en pensant à tout ça.

— Moi, j'habite avec ma mère. Elle veut tellement que je réussisse !

— Mais toi aussi, tu veux être la meilleure, non ?

— C'est sûr… Mais ce qui me dérange le plus, c'est que je donne tout ce que je peux, même si je ne gagne pas !

Jacob garde le silence quelques secondes. Pendant ce temps, je fais tourner le thé glacé dans la bouteille, qui est déjà presque vide tellement j'avais la bouche sèche.

— C'est exactement ça ! m'approuve-t-il.

Je tapote le sac de glace.

— Est-ce que ça va mieux ? s'informe mon compagnon en se penchant pour voir ma blessure. Ton genou est-il enflé ?

La glace glisse de ma jambe et tombe au sol. Je colle mes genoux l'un contre l'autre pour les comparer.

— *Oh my God !* m'écrié-je.

— Il est enflé ? panique Jacob.

— Oui, un peu…

L'enflure indique souvent une foulure ou une entorse. Dans les deux cas, c'est parfois long à guérir !

— Ne fais pas cette tête-là, lance Jacob. Ce n'est peut-être pas si grave.

Mécontent, il donne un coup de poing sur le banc de bois avant d'ajouter :

— C'est ma faute, en plus.

— En fait, je pensais surtout au match d'improvisation de demain soir. Je ne pourrai pas y participer si je boite ! En réalité, ce serait la première bonne nouvelle de la journée…

Jacob s'exclame :

— Tu fais de l'impro, toi ?

Je toussote pour m'éclaircir la voix. Pourquoi ai-je parlé de ça?... La terre entière n'a pas besoin de savoir que je me ridiculiserai sur une scène devant toute l'école. Ensuite, je me dis que, si Marie-Jade, Sam et Emma sont au courant pour l'impro, toute la terre l'est déjà aussi.

— De l'impro? répliqué-je. Tu veux rire! Je dois participer au match parce que... parce que...

Je me rends compte que toute cette situation est absurde. Assise sur un banc d'aréna, je discute avec un joueur de hockey portant le numéro 87 en l'honneur de Sidney Crosby. Ce gars-là est celui avec qui je me bats pour obtenir du temps de glace depuis le début de l'année. Pire, j'ai le goût de me confier à lui. D'ailleurs, Jacob me fixe. Il attend calmement que je poursuive mes explications. Je baisse la tête, un peu honteuse.

— Je me suis fait prendre avec mon iPod en classe. Le match d'impro, c'est ma conséquence pour le récupérer le plus vite possible.

Jacob incline la tête sur le côté.

— Ça pourrait être pire.

Je le dévisage un instant. Oui, j'imagine qu'il a raison. Mais voyons donc! *Qu'est-ce que je suis en train de penser là?!* C'EST PIRE! Je n'ai aucun talent pour le jeu; ma vie se passe sur une patinoire! Me demander d'imiter une fille qui pleure parce qu'elle a perdu son chat, c'est l'horreur totale. Je suis tout simplement incapable de jouer la comédie. En plus, je ne dors pas pendant des jours avant de prendre la parole en public!

Les épaules de Jacob sautent. Il se bidonne. Son rire, qui sonne comme de la musique, me fait du bien. C'est la première fois que je l'entends. Il me demande à quelle école je vais.

— À La Poudrière.

— Qu'est-ce qui se passe ici?

Nous levons la tête. Miro s'approche de nous. Jacob s'empresse de lui expliquer la situation sur un ton aussi rapide que s'il venait d'avaler trois Kit Kat et cinq cafés.

— J'ai lancé une rondelle sur son genou. Il est un peu enflé. Je pense qu'elle devrait aller à l'hôpital.

L'homme s'accroupit devant moi. Il se met à tâtonner mon genou du bout des doigts. Je grimace.

— Oui, ce serait plus prudent que tu voies un médecin.

Je pince les lèvres. J'ignore comment j'arriverai à rentrer chez moi en sautillant. Dans de telles conditions, aller à l'hôpital me paraît compliqué… Miro, qui connaît très bien ma famille, lit dans mes pensées.

— Viens, je vais t'y conduire.

37
Pendant ce temps, Sam et Emma...

Je rentre chez moi avec un bandage autour du genou. Le médecin m'a rassurée : ma blessure n'est pas grave. Par contre, c'est très douloureux et il m'a interdit de patiner durant les cinq jours à venir. La prochaine compétition est un désastre annoncé ! Lorsque ma mère apprendra que je dois rater presque une semaine d'entraînement, elle flippera... Donc, même si je parviens à participer à ce ridicule match d'improvisation demain soir et que je récupère l'iPod, je risque de le reperdre rapidement !

Je boite, mais j'arrive à clopiner jusqu'au salon. La pièce est vide. Maman travaille. Pourtant, j'entends des voix. Sam a encore invité des amis. Je me traîne péniblement jusqu'à la cuisine. Eh bien...

— Qu'est-ce qui est si drôle ? demandé-je sèchement.

À la table, Sam fait ses devoirs avec Emma. Du moins, les livres sont ouverts devant eux, mais ils n'avaient pas l'air de faire des mathématiques. Est-ce que leurs bras se frôlent ? Mon frère et ma copine cessent de rire en me voyant.

— Enfin, Iris, tu es là ! s'exclame Emma. Tu m'avais dit de venir te rejoindre après ton entraînement. Mais tu n'arrivais pas...

Ouais, j'ai été retardée par un détour à l'hôpital.

J'avance difficilement jusqu'à la table. Mon frère bondit pour m'aider.

— Tu t'es blessée ?

Ouf ! Je me laisse tomber sur une chaise.

— J'ai reçu une rondelle sur un genou. Ce n'est pas si grave.

— Comment ça, une rondelle ? s'énerve Emma. Tu ne fais pas du patinage artistique, toi ?

— C'est une longue histoire !

Je n'ai pas le cœur de me lancer dans les explications.

— Qui t'a fait ça ? interroge Sam.

Voilà mon grand frère qui se porte à ma défense. Il est toujours prêt à défier ceux qui se mettent en travers de mon chemin. Julien les lunettes se souvient encore de la fois où il m'a traitée de « fleur qui pique ». Je ne sais pas pourquoi, mais je n'ai pas envie que Sam engueule Jacob.

— C'était un accident.

Emma trépigne sur sa chaise. Elle veut tout savoir.

— Bon, on monte dans ma chambre ? lui proposé-je. Ou préfères-tu faire de l'algèbre avec lui ? ajouté-je en pointant mon frère du menton.

D'après son air, mon amie aimerait clairement mieux rester avec le beau Sam. Mais elle se lève. Après tout, on a beaucoup de choses à faire, ce soir !

38
Encore trop de questions...

Emma se précipite sur mon lit. Je la rejoins péniblement dans ma chambre. Un escargot serait plus rapide. Mon amie est gentille, car elle me prépare une montagne d'oreillers sur lesquels je peux m'échouer.

— Alors, tu me racontes ce qui s'est passé ? demande-t-elle en plaçant un coussin sous mon genou blessé.

Le mouvement, pourtant simple, me fait mal au point que je cesse de respirer. Je me laisse retomber comme une pâte molle.

— La glace était libre, ce soir. D'un côté, un joueur de hockey exerçait ses lancers ; de l'autre, je patinais…

— L'écœurant ! s'énerve mon amie.

Jacob, un écœurant ?

— Non ! C'est un bête accident. Je me suis retrouvée de son côté par erreur et il ne m'a pas vue.

— Au moins, tu n'as rien de grave.

— Non, mais je ne pourrai pas patiner pendant une semaine…

— Bah ! Ça te fera des vacances !

Le plus difficile sera d'annoncer la nouvelle à ma mère. Je pourrais lui préparer son café du matin, le lui apporter au lit avec le journal… Ça prendra beaucoup de petites douceurs pour lui faire avaler la pilule, car elle avait déjà réglé les frais des compétitions. Oh là là ! Si je ne peux participer à la prochaine, je n'ai pas fini d'en entendre parler…

— Il était beau, le joueur de hockey ?

Les réflexions d'Emma me font toujours sourire. Même quand la situation est grave, elle en revient immanquablement à l'aspect des gars.

Je réfléchis. Est-ce que Jacob est beau ? *Tellement.* Je me demande comment répondre sans trop piquer la curiosité de ma copine.

— Disons qu'il est spécial…

Oui, c'est tout à fait ça. Il est beau, c'est évident, mais il a aussi une façon d'être bien à lui. Et sa vie ressemble beaucoup à la mienne ! Toutefois, je décide de garder cette info pour moi…

— Ah oui ? clame mon amie, excitée. Je pense que, lorsque tu seras guérie, j'irai assister à tes entraînements !

Je roule les yeux.

— Bon, allons voir si Thierry a répondu à mon message pour la fête chez Jo, lancé-je pour faire diversion.

Je ne sais pas pourquoi, mais ça me gêne de parler d'un garçon que je trouve beau. C'est surtout la manière dont il a pris soin de moi qui m'a impressionnée. Ensuite, il n'est même pas retourné s'entraîner. Il a quitté l'aréna quand Miro et moi sommes partis pour l'hôpital.

Emma sort son iPod et s'assoit à l'indienne sur le peu d'espace libre qui reste sur mon petit lit. Parfois, je me demande ce qu'elle pense de ma maison. La sienne est tellement spectaculaire !

Elle dépose l'appareil rose dans ma main.

— Tiens, entre ton adresse électronique.

— Tu es déjà branchée au réseau Internet ?

— Oui ! Ton frère m'a donné le code tantôt.

Évidemment... Je tape mon adresse, mon mot de passe. J'appuie ensuite sur « Se connecter ».

En voyant la déception sur mon visage, Emma comprend aussitôt.

— Pas de message ?

Je secoue la tête. Il y en a encore un de Marie-Jade, mais je le lirai plus tard.

— Penses-tu que tu seras capable de participer au match d'improvisation demain soir avec ton genou amoché ? s'informe Emma.

Je soupire.

— C'est ça ou je devrai attendre plusieurs jours avant de récupérer mon iPod. Bah ! Je serai imbattable pour imiter une petite vieille marchant avec une canne.

— Ha ! Ha ! Ha ! rigole mon amie. Tu seras parfaite dans ce rôle ! Et puis il faut que tu récupères l'iPod au plus vite pour comparer la photo des trois garçons que j'ai prise au parc à celles se trouvant dans l'appareil. D'ailleurs, je suis retournée là-bas tantôt, mais il n'y avait personne. J'ai même fait le piquet devant la maison du 432. Rien, pas un mouvement. Même les oiseaux ne s'approchent pas de l'endroit ! Demain, j'irai sonner en faisant semblant de vendre du chocolat.

Pourquoi n'y ai-je pas pensé plus tôt ? *Je ramasse des sous pour mon club de patinage artistique.*

Pour l'instant, il n'y a pas grand-chose à faire. Et si j'écrivais un message directement à Sandman ? Je me souviens de son adresse électronique par cœur. On pourrait aussi coller un mot sur la porte d'entrée de la maison. « Coucou ! J'ai ton iPod. »

Arf.

Soudain, une autre idée germe dans mon esprit. Je pourrais me créer une adresse de courriel temporaire avec un surnom, lui transférer ses photos et ses vidéos, puis fermer le compte. Ni vu ni connu. Sandman serait content de récupérer ses souvenirs et j'aurais la conscience tranquille.

Bof.

L'objectif de cette saga n'est-il pas de voir de quoi il a l'air ? Toute cette histoire est tellement mystérieuse. Je n'oublierai jamais mon cadeau de fête de cette année, c'est sûr !

Emma voit à côté de mon lit le tableau contenant les renseignements recueillis sur notre personnage secret. Elle s'étire pour attraper un crayon sur mon bureau.

— Il y a des choses à ajouter!

Je me redresse un peu. J'ai l'impression de me faire avaler par les oreillers.

— Attends une minute! Si c'est vrai qu'il est suspendu de l'école, c'est normal qu'on ne le voie pas sortir de la maison le matin.

— Peut-être… Tu as bien dit que le téléphone était au nom d'Étienne Cloutier?

— Du moins, c'est ce que j'ai trouvé sur Google.

— J'ai un rendez-vous chez le dentiste la semaine prochaine. Ma mère m'a dit qu'il s'appelait Étienne Cloutier!

— Oh!

— Donc c'est de lui que ta mère aurait acheté l'iPod?

— Pourtant, un courriel de Thierry mentionnait un iPod confisqué.

— Récapitulons: Étienne Cloutier aurait confisqué l'iPod de son fils pour ensuite le vendre?

Ouf! Toutes ces questions m'épuisent. Emma ajoute d'autres informations sur notre tableau:

Nom : ?	Famille : Mère en Europe Une sœur décédée (Un accident?) Père : Étienne Cloutier, dentiste	Autres observations : Party chez Jo samedi
Surnom : Sandman Suspendu de l'école pour la semaine?	Amis : Céleste Durand (Paris) Amie de sa sœur (N'aime pas les poèmes?) Thierry L. (Dossier des photos « Fête de T. ») Cédrick	Adresse : 432, rue des Coteaux!!!
Âge : Ado	École privée	Sportif
Lieu de rencontre avec les amis : Parc, rue des Érables	iPod confisqué	

Les cases se remplissent ; tout ça commence à prendre forme ! Je déclare qu'on mérite chacune un bol de crème glacée au chocolat. Emma saute sur ses pieds.

— Ne bouge pas, j'y vais !

Elle est trop gentille, ma copine. *Ou trop contente de croiser Sam à la cuisine ?…*

39

Jacob et madame Leclerc

Jacob se rend lentement chez lui après avoir vite avalé un chocolat chaud et un sandwich au Tim Hortons du coin. Les lacets défaits de ses souliers traînent dans l'eau, mais il s'en fout. Il n'arrête pas de penser à la fille de l'aréna, celle qu'il a blessée d'un tir franc. Il ne sait même pas son prénom. Aujourd'hui, il a raté le filet quelques fois et, dans sa rage, il avait mis encore plus de force en exécutant son lancer. C'est ce tir que la patineuse a reçu sur le genou. Il l'a vue trop tard !

Le jeune homme secoue la tête au souvenir de la fille qui se tordait de douleur sur la glace. Elle est moins princesse qu'il le croyait. Il s'était attendu à ce qu'elle fasse une crise, l'engueule, s'inquiète pour un ongle cassé. Il n'y avait rien eu de tout ça. La patineuse aux yeux bleus s'est montrée courageuse. Et désespérée de devoir cesser de patiner. Jacob avait éprouvé le même sentiment deux ans auparavant lorsqu'il s'était fracturé la cheville et avait raté la fin de la saison.

Surtout, il s'en veut. Son père a plusieurs défauts, mais il lui répète souvent cette phrase : « Ne fais jamais de mal aux filles ; elles sont précieuses ! » Aujourd'hui, il a vu la patineuse sous un autre jour. Elle avait perdu son regard défiant, elle était seulement soucieuse de se surpasser, de ce que penserait sa mère si elle ne réussissait pas. Jacob aurait aimé aller à l'hôpital avec elle afin de s'assurer que tout était en ordre.

Au loin, madame Leclerc gesticule sur le trottoir en agitant sa canne. Jacob sourit. Qu'est-ce qui se passe encore avec sa voisine ?

— Bonjour, madame Leclerc ! lance-t-il en s'approchant.

La vieille dame lève les yeux vers l'adolescent qui la dépasse d'une tête.

— Oh ! Figure-toi que la laisse de Fonfon m'a glissé des doigts ! Il a vu un chat…

Jacob entend les jappements du chien, qui ne semble pas très loin.

— Je vais aller vérifier les alentours.

Madame Leclerc pose une main tremblante sur son avant-bras.

— Merci, mon garçon. Fais vite avant que la noirceur tombe ! Je te promets un morceau de gâteau au chocolat comme récompense.

Ah ! les gâteries de sa voisine ! Pour Jacob, visiter la dame, c'est comme aller chez sa grand-mère. Ça sent bon et madame Leclerc lui sert toujours quelque chose de sucré. Parfois, il va la voir juste pour que quelqu'un s'intéresse à lui.

Jacob attache ses souliers et laisse son sac sur le gazon froid. Au pas de course, il contourne la maison dans le sous-sol de laquelle loge madame Leclerc. Fonfon est là ; il essaie d'avoir l'air méchant devant un gros chat blanc au dos rond. Jacob porte deux doigts à sa bouche pour siffler.

Le chien, qui le reconnaît aussitôt, court vers lui. Jacob le prend dans ses bras et accepte de se faire lécher le nez…

— Tu fais peur aux chats, toi, maintenant?

Ensuite, il va rejoindre madame Leclerc, qui lui sourit.

— Merci, mon garçon!

Jacob refuse le morceau de gâteau au chocolat, la crème glacée, le verre de limonade... Ce sera pour une autre fois! Son père vient de rentrer du travail. Jacob sait qu'il n'aura pas assez de toute la soirée pour le convaincre de le laisser assister demain à un match d'improvisation à l'école La Poudrière.

40

Iris sur Facebook

Emma s'est mis en tête de me créer une page sur Facebook.

— Allez, souris ! C'est pour ta photo de profil.

Elle braque son iPod à la hauteur de mon visage. J'essaie de sourire, mais je ne suis pas à mon meilleur ! Encore effondrée dans les oreillers de mon lit, j'ai les cheveux en bataille et le teint pâle. Mon amie m'immortalise sous tous les angles. Debout sur le lit, elle me demande de lever la tête.

— Cette perspective donne un air heureux !

Alors, lorsqu'elle se couche par terre et me demande de la regarder de biais sans trop baisser la tête, je me demande bien quel air ça me donne. Une prise avec un sourire, une autre sans sourire. Ouille ! Tout ça m'étourdit !

Ensuite, je l'observe pendant qu'elle entre les informations pour ouvrir mon compte Facebook. Moi, je mets et j'enlève la glace de mon genou. Je ne me souviens plus très bien des recommandations du médecin. Dois-je garder la glace dix minutes par heure ou une minute chaque quart d'heure ?

— Tu vas voir, on va te trouver des amis ! formule Emma.

J'arrondis les yeux en voyant l'écran.

— À « Situation amoureuse », pourquoi as-tu coché « C'est compliqué » ? !

Ce n'est pas compliqué, c'est le néant ! Emma me dévisage par-dessus ses lunettes.

— Tu ne le sais pas encore, mais c'est déjà complexe avec ton beau joueur de hockey. Crois-moi, j'ai un don pour deviner ça !

— C'est n'importe quoi !

— Tu connais son nom de famille ? On va le chercher. Il est peut-être sur Facebook !

Je cache mon visage avec mes mains. Ma copine est capotée !

— Non, je ne sais pas son nom !

Fiou ! Ça m'aurait rendue nerveuse de lui adresser une demande d'amitié virtuelle. C'est évident qu'Emma ne se serait pas gênée pour procéder à l'envoi !

— Tu connais une Marie-Jade Pelletier ?

J'écarte mes doigts pour pouvoir voir Emma.

— Oui. C'est mon amie d'enfance que tu as surnommée « la chipie ».

— Ah ! Elle est vite, celle-là ! Elle t'a déjà envoyé une demande d'amitié…

Je prends l'appareil des mains d'Emma. Je dois plisser les yeux pour reconnaître Marie-Jade sur sa photo de profil. On dirait qu'elle a vingt-cinq ans ! Et elle a oublié d'attacher quelques boutons à son chemisier. On voit son ventre plat et le haut de son soutien-gorge! Je clique sur son nom pour voir ses autres photos. Mais c'est plutôt sa plus récente publication qui me fait sursauter:

«Iris Lépine participera au match d'impro demain soir! C'est à ne pas manquer! On rira un bon coup!»

Oh my God! Il y a déjà trente-deux «J'aime» sous sa publication. Et huit partages. Je vais me faire lancer des tomates sur la scène!

— Tu peux la bloquer, si tu veux, m'informe Emma.

Bloquer Marie-Jade? Holà! Cette fille a été la moitié de moi-même pendant tellement d'années; on ne peut pas en être rendues là, toutes les deux!

— Je vais y penser..., réponds-je simplement.

Est-ce que j'ai vraiment envie de lire tout ce que Marie-Jade écrit à mon sujet? Ou de voir ses photos? D'avoir son «En couple avec Laurent Beauchamps» dans la face chaque jour?

Emma reprend son iPod.

— Comme tu veux! En attendant, je vais adresser une demande d'amitié aux filles du Club des Girls en ton nom. On va aussi t'inviter à te joindre à la page du Club. Tu vas voir, c'est *cool.* Tu veux ajouter ton frère dans ta liste d'amis?

— Non!

Et puis j'ai un doute. Est-il ami avec Marie-Jade? J'arrache l'iPod à Emma. Oui, il est ami avec elle! Et aussi avec toutes les filles de ma classe...

— Tu penses qu'il accepterait de me jouer quelque chose sur sa batterie ? dit Emma, pâmée devant la photo de mon frère.

C'est vrai qu'il est beau, le visage à moitié caché dans l'ombre, le regard perçant, ses écouteurs sur les oreilles. Je ne dis rien, mais je suis convaincue que Sam ne demanderait pas mieux que d'exaucer tous les désirs d'Emma !

Comme s'il avait senti que nous parlions de lui, Sam se pointe dans le cadre de la porte.

— Je peux ramasser vos bols sales ?

Les bols vides de crème glacée que nous avons presque léchés sont sur mon bureau. Même si c'est sa semaine de vaisselle, je trouve mon frère bien zélé de vouloir faire du ménage à cette heure un soir de semaine. Il sourit à Emma. Je lui fais les gros yeux. *Arrête ça tout de suite ; sinon elle va s'évanouir !*

— Tu peux les prendre, lui indiqué-je.

Sam saisit les bols, mais reste sur place.

— Tu veux qu'on aille t'aider à les laver ? le questionné-je, les dents serrées.

Dégage !

Il me fait une grimace avant de quitter la pièce. Emma me pince aussitôt le coude. Ouch !

— Demande-lui pour la batterie ! chuchote-t-elle.

Pfff.

— Sammm…, l'interpellé-je sur un ton lancinant.

Moins de deux secondes plus tard, mon frère revient.

— Quoi ?

— Emma aimerait voir comment on joue de la batterie…

Ses yeux s'illuminent. Emma sourit. *Bon, je me sens de trop.* C'est ça, allez faire de la musique pendant que j'explore ma page Facebook et que je fouine sur le profil de tout le monde !

41
Vendredi

Le vendredi matin, descendre de mon lit me paraît une épreuve olympique. Un autobus m'a passé sur le corps, ou quoi ? Je n'ai pas seulement mal au genou ; je suis courbaturée de partout ! Ouf ! Je suis essoufflée et je ne suis même pas encore habillée. Mon épaule qui a heurté la bande et mon genou blessé sont d'une teinte bleu-mauve. La journée s'annonce interminable…

— Tu veux que je te descende dans mes bras, petite sœur ?

Assise sur le bord de mon lit, je vois le reflet de Sam dans le miroir de la salle de bain. Il est en train de raser ses trois poils au menton.

— Laisse faire. Tu risques de m'échapper et de débouler l'escalier avec moi !

Ma mère fait irruption dans ma chambre en attachant sa robe de chambre. Oups ! Elle a dormi avec son maquillage de la veille ; elle ressemble à un raton laveur.

— Comment ça va, mon bébé ? Miro m'a laissé un message au restaurant pour m'expliquer la situation, mais je l'ai eu trop tard !

Je me lève pour lui montrer que je ne suis pas en phase terminale.

— Ça va…

Elle me regarde faire quelques pas. Je boite et j'ai sans doute l'air d'un épouvantail désarticulé, mais mon allure semble la satisfaire.

— Bon, tant mieux ! s'exclame-t-elle. Miro m'a assuré que tu pourrais patiner dans quelques jours. Tout va rentrer dans l'ordre, mon bébé, termine-t-elle en m'embrassant sur les cheveux.

Oui, maman, je ferai l'impossible pour ne pas rater la compétition et te ramener une médaille. Je croise le regard de Sam dans le couloir. Il fait quelques signes dans le dos de notre mère pour me signifier : « Laisse-la parler. »

— Viens manger ! lance maman. Je t'ai rapporté des muffins au chocolat du restaurant !

Il s'agit de ceux qui n'ont pas été vendus et qui auraient été jetés à la poubelle… Pas le choix, car sur le menu du resto, c'est écrit : « Muffins frais du jour ». De bons muffins gratuits ! Ici, même s'ils ont deux ou trois jours, on les dévore.

J'en profite donc pour me faire servir. Mon frère m'apporte un jus d'orange, ma mère fait chauffer mon muffin, sur lequel elle ajoute ensuite du beurre. Mmm ! C'est délicieux ! Mon pied posé sur une chaise, j'avale de grosses bouchées sans penser à ce qui m'attend aujourd'hui.

— Maman, est-ce que je pourrais avoir l'ordinateur ?

Il faut que je voie si Thierry m'a répondu ! Ma mère secoue la tête.

— Vous le savez, ton frère et toi : pas de bébelles électroniques à la table ! Et pourquoi veux-tu l'ordinateur ? Tu n'as pas un iPod, toi, maintenant ?

— Euh…

Elle ne sait pas que l'appareil m'a été confisqué. Monsieur Denis n'a écrit aucun message dans mon agenda. *Aussi bien tenir ça mort…*

— Maman, savais-tu qu'Iris fait maintenant de l'improvisation ? lance Sam, caché derrière le pot de confiture.

Si je n'étais pas si mal en point, je lui sauterais dessus. Ou je lui viderais son jus d'orange sur la tête. *La ferme !* Ma mère sourit en ajoutant au moins trois cuillerées de sucre dans son café.

— Ah oui ? C'est une bonne idée ! Moi, j'ai fait de l'impro durant tout mon secondaire.

Je baisse la tête sur mon assiette. Je connais par cœur le discours de ma mère. Elle était la meilleure de son école et avait été approchée pour un rôle à la télévision, mais ça n'avait pas fonctionné… Elle est une actrice frustrée qui crie, chaque fête de Noël, qu'on lui a volé sa carrière ! Wow ! J'aurais pu avoir une mère riche et célèbre. Mon frère et elle sont des artistes dans l'âme, ce qui n'est pas du tout mon cas !

— Je ne fais pas de l'impro. Je vais seulement participer au match de ce soir. Ça s'arrête là.

— On ne va pas manquer ça, hein, maman ? s'enquiert Sam.

Ouf ! Ça me rappelle la note que Marie-Jade a écrite sur sa page Facebook. Je voulais passer incognito, dire une phrase ou deux dans quelques numéros, puis merci bonsoir, on n'en parlerait plus jamais. Pourquoi ai-je l'impression qu'il s'agit du genre d'anecdotes qui se retrouvera dans le livre des finissants du secondaire dans quelques années ?

— Oh! mon bébé, je voudrais tellement aller te voir, mais je travaille ce soir.

— Ne t'inquiète pas, maman, déclare mon frère. Je m'assoirai dans la première rangée pour l'applaudir.

Grrr.

42
Un nouveau cadenas

Emma transporte mon sac pendant que j'avance à pas de tortue jusqu'à mon casier. Une chance que ma mère est venue nous reconduire en voiture, sinon j'aurais raté le début des cours tellement je suis lente ! Au moins, je peux me déplacer sans béquilles. *Mais, à bien y penser, ce serait peut-être plus rapide.*

Laurie, ma partenaire de jeu de la veille lors des exercices d'impro, s'écrie à mon passage :

— *Oh my God !* Es-tu tombée du deuxième étage, Iris ?

Je m'immobilise. Je remarque alors que tout le monde me regarde. Ai-je l'air si mal en point ?

— Un petit accident survenu pendant mon entraînement de patinage artistique. Rien de grave.

La fille paraît vraiment soulagée.

— Tant mieux ! On compte sur toi, ce soir !

Ah ouin ? Elle essaie de me faire croire que je suis indispensable et que je ferai la différence dans le match ? En tout cas, c'est gentil. Bel effort. *Pas besoin de faire semblant ; je sais que je suis nulle.*

— C'est ça, à plus ! marmonné-je.

Devant mon casier, Emma sort de sa poche un beau cadenas rose.

— Celui-là, ta Marie-Jade en ignore la combinaison. Elle ne pourra plus fouiller dans tes affaires !

Je retire mon vieux cadenas pendant que mon amie fait la combinaison du nouveau. Je dépose mon sac au fond du casier.

— Ce matin, je n'ai pas pu regarder mes courriels, annoncé-je.

Emma fronce les sourcils. Elle a effectué la combinaison du cadenas à quelques reprises, mais il ne s'ouvre pas…

— Voyons ! Je sélectionne les bons nombres, pourtant ! grogne-t-elle. Donc, Iris, si je comprends bien, tu ne sais toujours pas si Thierry t'a répondu ? ajoute-t-elle, concentrée sur sa tâche.

Bon, voilà, le cadenas s'ouvre enfin. Emma l'installe sur mon casier, puis regarde sa montre.

— Il reste quelques minutes avant le début des cours. Je peux aller à la bibliothèque pour essayer de brancher mon iPod et vérifier tes courriels.

Je lui donne mon code. Pendant ce temps, moi, je sécherai ici. Il me faudrait au moins deux semaines pour monter les étages jusqu'à la bibliothèque, et encore deux autres pour en revenir ! J'espère que Thierry m'a répondu. Au moins, il faudrait savoir où habite Jo. Ensuite, Emma et moi pourrions décider si nous allons à la fête ou pas !

Oh non ! Voilà Marie-Jade… Je me cache la tête dans mon casier. Je souhaite de tout cœur qu'elle passera son chemin sans me remarquer. Zut ! Mes prières ne sont pas exaucées.

— Iris !

— Salut.

Trop enthousiaste, elle s'élance sur moi. Elle manque de me faire basculer en me serrant le cou trop fort. *Ouille! J'ai mal, moi!*

— Tu es enfin sur Facebook! Tu vas m'accepter comme amie, hein?

Je la repousse. Autant on avait l'habitude de se coller et de se jouer dans les cheveux, autant maintenant je la trouve trop envahissante! Je me sens bousculée.

— Attention, mon épaule est douloureuse.

— Ah oui? s'étonne Marie-Jade, les sourcils froncés sous ses cheveux passés au fer plat.

— Le patinage artistique est un sport dangereux! plaisanté-je.

Elle sourit.

— Ouais! Ça me manque, parfois…

J'en suis sûre. Après tout, elle en faisait depuis la maternelle. Comme moi.

— Tes cours de chant ne sont pas aussi *cool* que tu le pensais?

Marie-Jade redresse la tête comme si je venais de la piquer avec une aiguille.

— Au contraire! C'est très *cool,* tu sauras! Bon, les cours vont commencer…

Songeuse, elle s'éloigne. Marie-Jade peut bien dire ce qu'elle veut, je sais qu'elle s'ennuie du patin. Sa mère l'a dit à la mienne.

Bon, Emma n'est pas encore revenue. Tant pis!

Je me tourne pour prendre mes livres de français. QUOI? Le cadenas est verrouillé et je ne connais pas la combinaison. Je lève les yeux au ciel. *Si cette journée peut finir…*

43
Engueulade

Finalement, Emma n'est jamais venue me rejoindre à mon casier. Son excuse ?

— J'ai oublié.

Je vois rouge. Je ne pense qu'à une chose : lui arracher les yeux et les lui faire bouffer !

— Tu as oublié ?! crié-je. De quoi j'ai eu l'air, tu crois ?

Non seulement j'étais arrivée en classe avec plusieurs minutes de retard, mais en plus je n'avais pas mes livres. Mais ce n'est pas le pire : monsieur Denis avait rappelé à tout le monde qu'il y avait un match d'improvisation ce soir et que j'y participerais. Il avait même osé dire fièrement que tous ceux qui y assisteraient auraient 2% en points bonis sur leur bulletin. J'espère qu'il n'a pas fait la même offre à toutes ses classes de français !

Marie-Jade avait affiché son sourire détestable quand j'étais passée devant elle dans l'allée en traînant de la patte. Ça fait peur !

Emma baisse la tête. Elle et moi sommes debout au milieu du couloir. Les élèves nous contournent en nous lançant des regards curieux. L'idiot de Raphaël hurle : « On veut une bataille de filles ! »

— Je m'excuse, Iris ! formule Emma. J'avais de l'éducation physique et mon sac était déjà au vestiaire. J'étais pressée et je n'ai pas pensé à repasser par les casiers.

Mon amie prend ma main. Avec son stylo rose, elle écrit la combinaison du cadenas sur mon poignet.

— Est-ce qu'il y avait un message de Thierry, finalement ? demandé-je plus doucement.

— Non. Mais moi j'en avais un de Marguerite, mon amie de l'Île-Ville !

Je suis contente pour elle. Et pour moi aussi, car je connais cette fille.

— Elle va venir me voir demain ! se réjouit Emma. Son père a une réunion d'affaires en ville.

Super ! Je passerai dire bonjour à Marguerite. Entre filles portant un nom de fleur, il faut être solidaires.

Bon, il faut maintenant que j'ouvre mon casier et que je prenne mes livres si je ne veux pas arriver en retard une autre fois. Je sautille quelques pas en grimaçant. C'est normal que tout le monde me regarde. Mais plusieurs élèves me lancent « Courage pour ce soir ! » et « On sera là pour te voir ! » Cela me paraît louche…

44
Le grand soir

La mère d'Emma est trop adorable : elle nous conduira à l'école pour le match d'improvisation, ce qui m'évitera de faire le trajet à pied. Mon amie a coiffé mes cheveux et m'a prêté son chandail blanc avec des brillants roses.

— Arrête de bouger pendant que je mets la touche finale !

Rien à faire. Je cligne chaque fois qu'elle approche le mascara de mes yeux.

— Je fais mon possible !

— Ton regard sera plus voyant sur la scène avec un peu de maquillage.

Je me fous de mon regard sur la scène, mais si ça amuse ma copine, pourquoi pas ? Dès que la brosse touche mes cils, je recule, bats des paupières.

— Bon, je t'ai tachée ! s'écrie Emma.

J'ai une marque noire au coin de l'œil. Je passe mon doigt dessus. Ark ! Le mascara s'étend et j'en ai plein les doigts.

— Ne touche à rien ! m'ordonne Emma, exaspérée. Je vais aller chercher du démaquillant pour arranger ça.

Seule dans la chambre de princesse, je m'évente avec mes mains. Mes ongles sont laids, peints en rose et mauve. J'ai chaud. Je n'ai rien mangé de la journée et je crains de vomir. La simple pensée que je monterai bientôt sur une scène me donne envie de me cacher sous le lit. *Respire, Iris, respire…*

La journée me paraît interminable. À la fin des cours, toute la classe m'a souhaité bonne chance pour ce soir. Trop de gens m'ont dit qu'ils assisteraient au match. *Au secours !*

J'en suis à me demander comment sauter de la fenêtre de la chambre – située au deuxième étage – pour m'enfuir lorsque Emma revient avec une ouate mouillée. Elle l'approche de mon visage. Ça pue.

— Tu seras la plus belle ! Mais il faut que tu me laisses faire…

Je ne veux pas être la plus belle, je veux qu'on me confonde avec la peinture sur les murs. Je veux me fondre dans le décor. Si je survis à cette soirée, il n'y aura plus rien à mon épreuve ! *Merde, mes genoux tremblent.*

— C'est l'heure, les filles ! nous prévient madame Nantel du bas de l'escalier.

Mon cœur s'affole.

— Une minute, maman. J'ai presque fini !

Emma met du rose au coin de mes paupières. Je ressemble à une poupée ! Mais une poupée qui boite, ce n'est pas très chic.

— Wow ! Tu es superbe ! s'exclame Emma.

Je ne me reconnais pas dans le miroir. Ça me rassure: peut-être que les autres ne me reconnaîtront pas, eux non plus!

Emma attrape ma main glacée.

— Viens, on y va!

45

Improvisation

La mère d'Emma avance la voiture tout près de la porte d'entrée. L'autobus de l'école de Longueuil est déjà arrivé. Les élèves qui descendent du véhicule en gambadant sont souriants, heureux d'être là. Moi, je suis crispée sur mon siège.

— Est-ce que tu viens ? me demande madame Nantel qui attend que je sorte de la voiture.

Je n'ai pas le choix, car Emma me pousse. Hé ! Du calme, mon amie ! *Oui, oui, j'arrive.* Pendant le trajet, j'ai espéré une crevaison, une panne d'essence, n'importe quoi qui nous aurait retardées. Pfff ! Rien du tout ! Pas même un feu rouge !

Il y a beaucoup de personnes qui entrent et sortent de l'école. Franchement, j'aurais cru que les gens avaient mieux à faire un vendredi soir que d'assister à un match d'improvisation entre élèves. Je boite en me frayant un chemin parmi la foule. On m'ouvre la porte…

Le bruit des voix qui s'entremêlent à l'intérieur fait grimper – encore – mon niveau de nervosité. Est-ce qu'on peut mourir du stress ?

— Iris ! crie monsieur Denis. C'est par ici !

Il porte vraiment une chemise fleurie ? Je veux me sauver. Je fais demi-tour, fonce dans Emma.

— Bonne chance ! Tu es capable, j'en suis sûre ! On se voit après ?

J'essaie de sourire, mais elle empoigne déjà mes épaules pour me tourner vers l'enseignant. *Hé ! Cesse de me pousser !*

Je m'éloigne de la foule, suis le prof jusqu'à l'auditorium. Les couloirs bourdonnent de jeunes qui s'imaginent déjà de grands acteurs. À chacun ses rêves ! Moi, je veux gagner une médaille aux Jeux olympiques.

Mon manteau se retrouve dans une pile avec les autres.

— Wow ! Tu es belle, Iris ! me complimente Laurie qui m'a regardée approcher.

Je ne suis pas difficile à repérer : je boite et je suis la seule qui a l'air bête !

— Toi aussi ! J'aime ton chandail.

Monsieur Denis tape dans ses mains pour capter notre attention. Les murmures s'estompent. *Oh my God !* De loin, on entend le public qui entre dans la salle !

— Rappelez-vous les exercices que nous avons faits cette semaine. Aujourd'hui, vous travaillerez en équipe de trois…

Je ne l'écoute déjà plus. J'ai l'impression que les murs se referment sur moi ; je n'arrive plus à respirer. J'oublie mon genou douloureux et sors de la pièce en courant. Vite, il me faut de l'eau, une salle de bain… Je vais vomir ! C'est seulement une fois les mains sous le robinet que je reprends mon souffle. Je me passe un peu d'eau sur la nuque pour me ressaisir. J'aurais aimé m'asperger le visage au complet, mais ça aurait détruit mon maquillage ! Monsieur Denis avait vu juste: c'est la pire conséquence qu'on m'a donnée de toute ma vie. *Plus jamais je n'apporterai mon iPod en classe, je le jure!*

Les jambes molles, j'émerge dans le couloir. Je m'appuie contre le mur pour me donner du courage. Zut! Je dois me retenir de pleurer, sinon le mascara coulera.

— Ça va?

Je lève la tête. Un garçon m'observe de loin. Mon cœur bondit quand je le reconnais. C'est Jacob.

46

De la visite pour Iris

Oui, c'est bien Jacob, le joueur de hockey. Ça me fait drôle de le voir vêtu d'un jeans et d'une chemise. C'est la première fois qu'on se croise à l'extérieur de l'aréna, dans un contexte autre que le sport. Je suis contente de le voir !

— Non, ça ne va pas. Je vais m'effondrer, c'est sûr.

Il se rapproche en souriant. Il sent bon, aussi !

— Tout se passera bien.

Il essuie une larme au coin de mon œil.

— Je voulais savoir comment se porte ton genou, dit-il en reprenant son sérieux.

— Malheureusement, pas assez mal pour m'empêcher de faire des singeries ce soir !

Il rit. Cela me détend un peu…

— Tu t'en sortiras comme une pro ! Mais sérieusement, est-ce que ton genou guérit bien ?

— Je pourrai patiner dans une semaine.

Jacob hoche la tête, l'air plus ou moins satisfait de ma réponse.

— Hé ! Je te jure que tout est OK ! m'écrié-je. Le plus important, c'est que ma blessure n'était pas sérieuse.

L'expression de Jacob est neutre. Impossible de savoir à quoi il pense. Les pommettes colorées, Laurie apparaît derrière lui.

— Qu'est-ce que tu fais ? Ça va commencer !

J'essuie rapidement mes larmes.

— J'arrive !

Il faut quelques secondes à ma compagne de jeu pour comprendre qu'elle est de trop. Je reporte mon attention sur Jacob. Son calme m'apaise.

— Tu restes pour le match ? m'enquiers-je.

— Je passais seulement voir comment tu te portais, répond-il sur un ton hésitant. Mais je peux rester quelques minutes. Allez, les joueurs t'attendent !

— Merci d'être venu.

Jacob recule pour me laisser passer. Il m'accompagne jusqu'à la porte de l'arrière-scène de l'auditorium. Ça ressemble à un camp de vacances ici : tout le monde est survolté ! Je ne peux même pas saluer Jacob. Dès mon arrivée, je suis aspirée par le groupe qui lance son cri de ralliement pour se donner de l'énergie.

Jacob se retourne avant de s'éloigner. Mon regard se soude au sien. Il sourit en levant le pouce. Oui, je suis capable de faire de l'impro ! *Qu'est-ce que je ne ferais pas pour récupérer mon iPod ?...*

47
Le courage d'Iris

Assise sur un banc étroit avec les autres, je suis terrorisée. Les élèves devant moi improvisent une scène de conflit dans une cour d'école. Ils jouent avec tant de justesse ; ils sont vraiment bons ! Monsieur Denis est posté derrière moi. Je le trouve gentil, jusqu'à ce qu'il me donne une tape sur l'épaule.

— Ton équipe est la prochaine à entrer en scène !

Je suis avec Laurie et un gars qui s'appelle Ludovick. Grand et mince, il a les cheveux bleu, noir et vert. Tellement artiste ! Il me trouvera complètement nulle. C'est évident que je ferai perdre notre école ! *Non mais c'était quoi, l'idée de m'obliger à venir ici ?*

Marie-Jade prend des photos depuis tantôt avec son iPod. Elle a un drôle de sourire. Assis tout au fond de la salle, Sam parle avec ses amis plutôt que d'écouter ce qui se passe en avant. Parmi tous ces visages qui observent les joueurs sur la scène, j'aperçois Jacob pas très loin. Ses yeux sont braqués sur moi. Il a son regard de guerrier, celui qu'il affiche lorsqu'il saute sur la patinoire. Il hoche la tête. « Vas-y ! Montre-leur que tu es capable ! » semble-t-il dire.

Je prends une grande respiration. Jacob a raison : je dois être combative. Selon mon entraîneur, on reconnaît les meilleurs à leur capacité à briller au bon moment. Ce soir, c'est l'occasion de prouver ce que je peux faire.

C'est notre tour. Lorsque je me lève, un vent de murmures souffle dans la salle. « C'est elle, je pense », marmonne-t-on. Marie-Jade m'a fait une belle réputation sur Internet. Tout le monde est venu pour me voir me planter !

Je cligne des yeux sous la lumière des projecteurs de scène. Quelques secondes plus tard, le sourire de Laurie me donne confiance. Le temps d'attente avant que le thème nous soit communiqué m'est insupportable. « Le téléphone sonne, et au bout du fil, c'est une vedette… » Nous avons trente secondes pour nous consulter. *C'est parti !*

48

Mission accomplie

Notre école n'a pas gagné, mais le blâme ne peut être jeté sur moi. Du moins, je l'espère. Je n'irais pas jusqu'à prétendre au titre de révélation de l'année ; toutefois, je me suis débrouillée. Je ne le crierai pas sur les toits, mais j'ai même pris plaisir à cette expérience. Un peu. J'ai toujours aimé l'adrénaline ; elle me pousse à donner mon maximum. Je patine toujours mieux durant une compétition. Ce soir, les rires dans la salle étaient stimulants ! Ça faisait changement des bâillements dans une classe quand on présente un exposé oral.

Dans le couloir bondé des coulisses, je vois la tête de Jacob qui dépasse celles des autres. Il essaie de venir me rejoindre. Finalement, il est resté toute la soirée !

— Bravo ! Wow ! Je suis impressionné. Tu étais super bonne !

Dans son élan de joie, il me prend dans ses bras pour me soulever de terre deux secondes. Peut-être trois ou quatre, je ne sais plus. Mes doigts frôlent ses cheveux et ma joue se retrouve plaquée contre la sienne. Ouf ! Il est fort !

— Yé ! J'y suis arrivée !

Il me redépose en me gardant près de lui. La fierté brille dans ses yeux. Il est beau quand il est heureux.

— Je savais que tu réussirais ! s'exclame-t-il. Ta performance a fait taire les mauvaises langues !

Une ombre passe dans mon regard. Les mauvaises langues ? Je savais que Marie-Jade y était allée un peu fort sur Facebook, mais je ne pensais pas que ça ferait le tour de la ville !

— Hé ! ma poule ! crie Emma en se jetant dans mes bras. Tu étais la meilleure !

Il ne faudrait quand même pas exagérer ! Jacob n'a pas le choix de reculer pour laisser de la place à Emma.

— Tout le monde a ri grâce à ton personnage de coiffeuse qui a peur de tout ! poursuit mon amie.

Ouais… Mais je ne lui avoue pas que ce n'était pas voulu.

— Allez, refais-moi son rire ! insiste Emma. C'était tellement drôle !

— Ah non !

— C'est qui le gars qui te faisait un câlin comme s'il te connaissait depuis toujours quand je suis arrivée ? s'informe Emma.

Elle pointe Jacob qui s'est éloigné de quelques pas. Ce dernier me souffle : « Je dois y aller. » Puis il se fond dans la foule. J'aurais voulu le retenir, le remercier encore une fois d'être venu. Mais il y a trop de monde. Surtout, il y a Emma, qui affiche son expression « je-veux-tout-savoir ».

— C'est le joueur de hockey qui m'a blessée hier avec une rondelle, réponds-je en suivant des yeux Jacob jusqu'à ce qu'il disparaisse.

— Ouah ! Vous êtes familiers, l'un avec l'autre !

Oh non ! Emma croise les bras, l'air de dire : « Allez, raconte-moi tout ! » Je me retiens pour ne pas manifester mon impatience. Ce n'était rien, ce qui vient de se passer avec Jacob. Présentement, ici, tous les gens sont euphoriques et se serrent dans leurs bras. *OK, entre Jacob et moi, c'était un peu plus que ça, mais j'ignore quoi.*

Le regard de ma compagne change au moment où je sens la présence de quelqu'un dans mon dos.

— Bravo, petite sœur ! lance Sam en me serrant contre lui.

Il m'embrasse sur la joue. Ses cheveux un peu longs me chatouillent le nez.

— Merci !

— J'ai fait quelques vidéos pour maman ! Elle sera fière en constatant que tu as hérité de son talent !

Ouais, c'est ça ! Des plans pour qu'elle se mette en tête de me faire suivre des cours de théâtre.

Seule Marie-Jade ne vient pas me féliciter. Je l'ai vue sortir de la salle avec deux autres filles et son Laurent, qui suivait de près le trio.

49

Iris dans la troupe

— Iris, Iris, Iris ! Ma petite Iris !

Je me retourne. Sam et Emma reculent légèrement. Monsieur Denis est devant moi. Les bras grands ouverts, il me couve d'un regard protecteur. Puis il me serre si fort que j'étouffe.

— Quelle révélation !

— Merci, monsieur, articulé-je, le nez dans son nœud de cravate.

Ouf ! Il a eu chaud, car sa chemise est un peu humide. Et il dégage des odeurs corporelles peu attirantes… Quand il me lâche enfin, je m'éloigne de deux pas ; j'ai besoin d'air.

— Ta performance a dépassé mes espérances ! Et dire qu'il s'agissait d'une conséquence…

Justement, j'ai fait ma part. Maintenant, je veux mon iPod !

— As-tu aimé l'expérience ? me demande-t-il, tout souriant.

Il rit de moi ou quoi ? Je suis morte trois fois aujourd'hui tellement j'étais stressée ! *Je ne veux plus jamais vivre ça !*

Bon, j'avoue qu'une fois sur les planches ma nervosité s'est envolée ; je me suis imaginée sur une patinoire où je devais me surpasser. De là à dire que j'ai eu du plaisir… Bof. *Si peu.*

J'ouvre la bouche. Mais monsieur Denis ne me laisse pas parler.

— Il faut absolument que tu joignes la troupe. Nous avons besoin de jeunes pleins de talent comme toi !

Le prof voit sûrement mon visage se déformer, car il lève les mains dans les airs :

— Penses-y. On s'en reparlera la semaine prochaine !

— OK…

J'attends. *Allez, redonnez-moi mon iPod. Je n'ai quand même pas fait tout ça pour rien !*

Pendant quelques instants, nous nous fixons en silence. Je toussote.

— Euh… Est-ce que je peux récupérer mon…

— Ah oui ! Ton iPod !

L'enseignant sort l'objet de sa poche. Eurk ! C'est quoi les graines sur l'écran ? De la bouffe ? Je prends mon iPod du bout des doigts.

— Je te le répète, Iris : tu aurais du plaisir avec nous dans la troupe. Tu me promets d'y réfléchir ?

J'acquiesce. Mais c'est déjà tout réfléchi : je continuerai à patiner plutôt qu'à faire le clown. Monsieur Denis recrutera sûrement un autre élève. Je souffle sur la vitre de mon iPod. Finalement, c'est de la poussière de bois qui recouvre l'écran. Le prof aurait pu faire attention! Maintenant que j'ai récupéré mon appareil, je ne m'en séparerai plus jamais!

J'agite mon iPod en direction d'Emma.

— Viens! me crie-t-elle. On va se faire un *selfie*!

50
Le retour de Jacob

Jacob avait filé en douce de la maison pour assister au match d'improvisation à l'école. Il n'avait pas la permission de sortir, mais il ne pouvait manquer cet événement. Il voulait revoir la patineuse, s'assurer qu'il ne l'avait pas blessée sérieusement. Aussi, il voulait l'encourager. Jacob avait donc désobéi. Facile, car lors de son départ, son père n'était pas encore revenu du travail. Avec un peu de chance, l'adolescent rentrera avant le retour d'Étienne. L'école La Poudrière n'est qu'à quelques minutes à pied de chez lui. Jacob fonce.

Il tourne le coin de la rue, puis il s'immobilise aussitôt. La maison est illuminée. Son père est là. Oh là là ! Problèmes en vue !

Bah ! Que pourrait-il lui arriver de pire ? Il n'a plus d'iPod, plus aucun accès à Internet et les sorties avec les copains lui sont interdites. Il monte les marches du perron. Lorsqu'il ouvre la porte, son père est debout, planté au centre du salon. Son regard est indéchiffrable. Les mains dans les poches de son complet sans faux plis, Étienne Cloutier reste calme.

— Où étais-tu, Jacob ? demande-t-il d'une voix grave.

Le garçon ne le quitte pas des yeux. Il a appris depuis longtemps à ne jamais baisser le regard devant quelqu'un. Quelle réponse pourrait-il donner à son père ? Il pourrait raconter qu'il était sorti faire du jogging. Mais comme il est vêtu d'un jeans, ce ne serait pas très crédible. Étienne n'est pas idiot.

— J'ai assisté à un match d'impro à l'école La Poudrière.

Son père ne bouge pas, ce qui est mauvais signe : il réfléchit.

— À quoi as-tu pensé de sortir la veille d'un match de hockey ?

Jacob s'appuie contre le mur. Il penche la tête.

— J'ai blessé une fille à l'entraînement hier en lui envoyant une rondelle sur le genou. Je voulais voir comment elle allait.

C'est la vérité. Ce n'est pas comme s'il était allé traîner au parc avec ses amis. Son père tourne les talons sans commenter. Toutefois, Jacob devine qu'il devra être rusé s'il veut aller à la fête chez Jo demain soir.

51

Sam parle de Jo

Je proclame madame Nantel la maman de la semaine! Après cette soirée mouvementée, la mère d'Emma est revenue à l'école pour nous chercher. Elle nous transporte dans sa Caravan de huit places. Je tire sur la porte, mets le pied sur l'asphalte mouillé. Aujourd'hui, j'ai été debout beaucoup trop souvent. La douleur à mon genou est insupportable! Ma tête aussi fait mal. Boum! Boum!

J'ai hâte de m'écraser sur le canapé, de jouer avec mon iPod enfin retrouvé et de manger un gigantesque muffin au chocolat. J'espère qu'il en reste! J'ai tellement faim.

Sam est là. Adieu la tranquillité! Il joue à un jeu vidéo et discute en ligne avec un ami au moyen de son casque d'écoute. En plus, il a mis de la musique.

Bon… Il n'y a plus de muffin. Il reste des barres tendres sèches aux canneberges. J'opte plutôt pour des carottes avec de la trempette ketchup-mayonnaise. Mmm… Des croustilles au BBQ, ça, ce serait vraiment délicieux!

Je me laisse tomber dans la chaise berçante en bois. Elle est vieille et craque de partout. Sam ne se soucie pas de moi; il est trop occupé à compter des buts pour les Canadiens sur sa console de jeux. J'ouvre mon iPod. C'est bizarre: il m'a été confisqué la veille, et pourtant j'ai l'impression de l'avoir perdu pendant une éternité!

Toujours pas de message de Thierry. Je commence à penser que je me suis trompée en tapant son adresse. Ou encore il a parlé à Sandman, qui lui a dit qu'il ne connaissait aucune Iris Lépine. Je me suis peut-être retrouvée dans sa boîte de courriels indésirables !

Les doigts me brûlent d'écrire directement à Sandman. Ce serait si facile. Au moins, je pourrais l'informer que ses photos ne sont pas perdues ! Le problème est que Sandman croit que son iPod lui a été confisqué. Il ne sait même pas que son père l'a vendu.

Sam marque un but. Son cri me fait sursauter, le sac de carottes déboule, l'iPod me glisse des mains. Je jongle pour le récupérer…

— Merde !

L'appareil vient de tomber directement dans la trempette ! Sam rit en se tapant sur les cuisses. Grrr. *Ma vengeance sera terrible.* Je me dépêche d'aller à la cuisine. Où sont les essuie-tout ? Jugeant qu'il s'agit d'une urgence, j'utilise le linge à vaisselle de maman. Elle ne sera pas contente, car elle refuse même qu'on s'essuie les mains avec.

Ça devrait aller, puisque l'appareil d'Emma fonctionne encore. Après tout, il a survécu à une immersion dans un trou d'eau… On dirait que la malchance poursuit mon iPod. *Tiens… Et si je me l'attachais dans le cou avec une chaîne ?*

Est-ce que je peux relaxer dans le salon, maintenant ? Sam hausse les épaules quand je lui adresse un regard meurtrier. *Attends, je vais te filmer pendant que tu ronfles et partager ça sur Facebook !*

Emma m'a expliqué comment télécharger l'application Facebook sur un iPod. Ça m'embête, car je ne suis pas certaine d'y arriver. Je ne vais quand même pas demander à Sam de m'aider ! Je fais une tentative. J'ai probablement réussi, car je dois entrer mon adresse électronique et mon mot de passe. *Yes!* Un *high five* à moi-même! Je sais, ça paraît trop facile, installer des applications, mais personne ne m'a encore jamais laissée essayer. Chez nous, il n'y a pas de téléphone intelligent, et l'iPod de mon frère est une zone protégée... Je serais morte sur-le-champ si j'avais osé le toucher. Une chance qu'Emma n'est pas là; elle n'aurait pas hésité à se servir de l'appareil et à le faire à ma place. En tout cas, je sais maintenant qu'installer une application, c'est simple.

J'entre dans le monde de Facebook. Je n'ai pas beaucoup d'amis virtuels, donc tout est tranquille. J'accepte la demande d'amitié de Marie-Jade. Si elle écrit et partage des niaiseries à mon sujet, aussi bien le savoir. Ah tiens! Elle vient justement de publier une photo de moi sur la scène. «Ma best était trop hot!» Mes sourcils se froncent, mes cheveux se dressent sur ma tête. QUOI? Elle avait invité tout le monde à venir rire de moi et là, soudainement, je suis devenue la meilleure?

À lire les commentaires sous la photo, j'étais peut-être bonne pour vrai, finalement! «Super!» «Zut! J'ai manqué ça!» «Tellement belle!» «Trop drôle cette fille» Ouf! J'ai des palpitations...

D'ailleurs, Marie-Jade ne perd pas de temps à m'écrire un message sur mon mur.

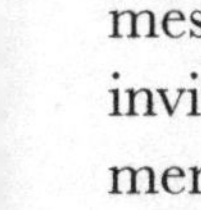

Marie-Jade
Contente d'avoir eu ton moment de gloire? Lâche le patin pour le théâtre! Appelle-moi pour me raconter ça!
J'aime Commenter Partager Il y a quelques secondes

Suis-je contente d'avoir eu mon moment de gloire ? En tout cas, ce n'est pas parce que je l'ai voulu, ni cherché. Je clique sur « J'aime » sous la publication. Elle a changé sa photo de profil depuis hier. Maintenant, on voit sa face collée contre celle de son Laurent. *Ouach !*

Emma est en ligne. Elle a publié notre *selfie*. Elle est tellement fine… Je me sens mieux depuis qu'elle a emménagé en face de chez moi ! Ma peine concernant Marie-Jade est moins lourde. J'ai réalisé qu'il y a d'autres filles super *cool* sur la terre, et même qu'il est agréable de rencontrer de nouvelles personnes. Je pense de moins en moins à Marie-Jade. Et ce que mon ex-BFF dit ou fait me dérange de moins en moins. Bientôt, je ne regarderai même plus chez elle en passant sur le trottoir. Pendant que je réponds par de petits cœurs sous la photo d'Emma, mon frère hurle de gros mots. *Le jeu vidéo est un écœurant de*… Oh là là ! Maman ne serait pas contente d'entendre la suite !

Je clique sur la page Facebook du Club des Girls. Emma discute avec Marguerite.

Emma On se voit demain !!! J'ai trop hâte !!!

Marg Ouiii ! Je serai là en fin d'avant-midi. On aura tout l'après-midi de libre.

Emma C'est un voyage trop court. ☹

Marg La prochaine fois, ce sera à ton tour de venir.

Emma Est-ce que Mike sera avec toi?

Marg Pouah! Jamais de la vie! Mon chum s'emmerderait à nous écouter parler des derniers potins...

Iris Allô!

Emma Hé! Notre vedette vient de se joindre à nous! Marguerite, tu aurais dû voir Iris! Ce soir, elle a été super bonne pendant le match d'improvisation!

Marg Salut, Iris!

Iris Les filles, je ne voudrais pas déranger vos retrouvailles de demain... Mais il y a un match de hockey midget à l'aréna, si ça vous tente...

Emma Oh! Ton beau joueur de hockey sera en action?

Iris Oui. 😛

Marg Je raffole de la poutine d'aréna!

Emma Good! Ça pourrait être le fun.

Sam discute toujours avec son ami au moyen du micro de son casque d'écoute. Je ne lui portais aucune attention jusqu'à ce que je l'entende parler d'un certain Jo.

— Qu'est-ce que tu as dit ? lui demandé-je.

Il est concentré sur son jeu et sa conversation. J'agite mes bras devant lui. Pfff. On pourrait croire qu'il est sourd et aveugle. J'attrape le coussin orange sur le canapé et le lui lance. Je vise mal. Le coussin frappe la cannette de Pepsi fichée entre ses jambes. Son jeans est éclaboussé. *Oups !*

— Hé !

Il vient enfin de se souvenir que j'existe.

— As-tu parlé d'une fête chez Jo ?

Sam met son jeu sur pause. Il retire son casque, puis lèche les gouttes de boisson gazeuse sur ses doigts.

— Jo est un chum de Pierre-Luc. C'est sa fête demain…

Je rêve ! Après des jours à chercher le moyen d'aller à cette fête, je n'aurais qu'à utiliser mon frère dans ce but ?

— Et tu vas y aller ?

— Ouais, peut-être…

— Il faut absolument que tu assistes à ce *party* !

Je m'emballe trop ; je devine à l'expression de Sam qu'il me trouve bizarre. Son visage se déforme, il fait ses yeux de grenouille…

— Ça pourrait être une occasion d'inviter Emma à sortir ! proposé-je.

Il manque de renverser le reste de son Pepsi.

— Je pensais que tu ne voulais pas que je m'approche de tes amies ?

Sam a roulé les yeux en prononçant le mot *amies.* J'ai le goût de lui dire qu'il n'est pas le bienvenu sur mon territoire, mais que, là, il s'agit d'un cas de force majeure.

— L'interdiction est levée seulement pour demain soir ! Go ! Invite-la, elle est en ligne ! Mais à une condition…

Incertain, mon frère incline la tête.

— Quoi ?

— Je veux venir à la fête moi aussi !

52
Samedi

Ouf ! Le matin est enfin là ! Je suis heureuse de me réveiller, car j'ai fait de l'improvisation toute la nuit dans mes cauchemars ! Je me sens vidée… Tout le monde criait que j'étais nulle ; je voulais mourir. Et j'ai embrassé Jacob. Ça aussi, c'était épuisant, même en rêve ! Il est tellement fin d'être venu m'encourager la veille. Cet après-midi, je lui rendrai la pareille dans les gradins de l'aréna pendant son match de hockey.

Je bouge doucement mon genou. Ouille ! Il est raide. J'espérais que le mal serait disparu comme par magie. Depuis dix ans, tous les samedis matin, je vais patiner. Mais aujourd'hui, je raterai l'entraînement. Ça ne m'est pas arrivé souvent ! Même la fièvre ne m'a jamais empêchée d'être fidèle au poste. Je ne me sens pas bien quand je suis trop longtemps sans chausser mes patins. C'est comme s'il me manquait une partie de moi-même.

J'entends ma mère brasser ses chaudrons, ce qui est inhabituel. Je dirais même que le phénomène est presque inquiétant. Pour elle, cuisiner est une corvée à laquelle elle s'astreint le moins souvent possible. Ah ! Elle est en train de casser des œufs. Pour faire des crêpes ? Soudain, je comprends tout… Ma petite maman veut se faire pardonner avec des crêpes au sirop d'érable d'avoir raté mon exploit de la veille sur la scène. Tant mieux, ce petit-déjeuner sera délicieux !

Je décide de paresser au lit encore quelques minutes. La fin de semaine, je n'ai jamais pu faire la grasse matinée de toute ma vie! Les bras croisés derrière la nuque, je promène mon regard sur ma chambre. Elle n'est peut-être pas la plus belle, mais on y est bien. Le luminaire en forme d'étoile est vraiment *out.* Je serais capable de l'enlever moi-même… Puis mes yeux s'arrêtent sur mon iPod. Il repose sur la chaise à côté de mon lit, près d'un verre d'eau et de quelques mouchoirs utilisés. Je souris. La première chose qu'Emma fait en ouvrant les yeux, le matin, c'est de consulter ses courriels et sa page Facebook. Elle m'a sûrement déjà écrit! En plus, elle sera contente d'apprendre que j'ai installé Messenger avant de me coucher.

J'étire le bras. Je commence à bien connaître ma nouvelle amie : je croule sous les nouveaux messages. « OMG ! Ton frère m'a invitée à sortir ! » « On ira à la fête chez Jo ! » « Je m'habille comment ? » « Hé ! On va enfin voir le mystérieux Sandman ! »

Ouin… En réalité, c'est plutôt énervant. Je me suis fait une idée du personnage dans ma tête. Mais à la pensée que je le verrai en chair et en os, mes mains deviennent moites. Je me demande si c'est une bonne idée d'assister à ce *party.* Pourquoi je me donne tant de mal ? Après tout, je pourrais réinitialiser l'iPod et on n'en parlerait plus ! Non, impossible de faire ça ; cet appareil a trop de vécu.

Je réponds à Emma :

Iris

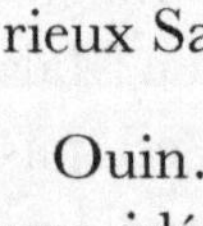

Tu peux t'habiller comme tu veux ;
mon frère ne remarque jamais rien !
Un sac à ordures ferait l'affaire.

Une réponse suit dans la minute.

Emma

Ha ! Ha ! Tu viens chez moi avant notre départ pour la fête ? Je vais t'arranger un peu…

Iris

M'arranger quoi ?

Emma

Tes cheveux, tes ongles, ton maquillage… La base, quoi ! ☺

Iris

Mes ongles ? Il y a déjà du rose et du mauve dessus !

Emma

Oui, mais ça, c'était pour hier. Pour le party, je te mettrai du vernis blanc et des brillants ! ☺

Misère… J'ignore tous ces codes. Et je ne sais même pas ce qu'on fait pendant de telles soirées ! Je m'inquiète pendant quatre secondes, puis je songe que Sam sera là. Hum ! Finalement, ce n'est peut-être pas si rassurant…

Emma

Je crois que je vais porter mon chandail rouge…

Iris

J'y pense, je n'ai rien à me mettre ! ☹ Je ne peux quand même pas aller dans un party avec mon linge d'école !

Emma

C'est pour ça que je veux t'arranger, petite tête ! Je m'occupe de tout ! 👍

Iris

Marguerite arrive quand ?

Emma

À onze heures ! ! !

Iris

Ça vous tente d'aller au hockey ? C'est à treize heures.

Emma

Oui ! On s'achètera de la poutine et de la slush à la cerise !

Iris

Et des Smarties!

Emma

Yes!

Iris

Bon, je te laisse. Je m'en vais manger des crêpes!

Emma

Chanceuse! À plus! xxx

Iris

Bye!

53
Crêpes brûlées à la mélasse

Une drôle d'odeur empeste la cuisine. Dans la pièce, il y a aussi un peu de fumée. Ma mère agite les bras devant la cuisinière. Zut ! Elle a encore fait brûler les crêpes. J'aurais dû me lever plus tôt et les cuire moi-même…

— Allô, mon bébé ! Installe-toi vite. J'ai une crêpe pour toi !

Mmm… Je meurs de faim. Quoi ? Il n'y a pas de sirop d'érable ? Je ne vois que le contenant de mélasse sur la table. Ark ! C'est dégueulasse !

Au milieu d'un nuage de fumée, ma mère exécute un pas de danse avec le poêlon et fait sauter la crêpe comme les grands chefs dans les films. *Pauvre maman…*

— Il paraît qu'on a quelque chose à fêter ce matin ? continue-t-elle sur un ton joyeux.

Je regarde la crêpe qu'elle vient de glisser dans une assiette. Elle semble… euh… croustillante.

— Iris ! insiste ma mère.

Je lève mon nez plissé de mon déjeuner.

— Quoi ?

— Je voulais souligner ta belle performance d'hier au match d'improvisation. Sam m'a montré des vidéos. Wow! J'aurais tellement aimé être là!

Oui, bien sûr. Julie me tient le même discours lors des spectacles de fin d'année, des remises de méritas, des matchs de volleyball avec l'équipe de l'école… Pas sa faute; c'est souvent à cause de son travail. Il y a seulement les compétitions de patinage artistique que ma mère ne rate jamais. Ça, elle y tient.

— Merci, maman.

— Alors tu vas faire partie de la troupe? me demande-t-elle, la spatule dans les airs.

Non, elle ne se mettra pas ça dans la tête, elle aussi! J'hésite entre verser de la mélasse sur ma crêpe ou seulement y ajouter du beurre…

— C'était correct comme soirée. Mais avec le patin et les études, mon emploi du temps est déjà très chargé!

D'ailleurs, je devrais la prévenir que le résultat de mon examen d'anglais de cette semaine sera un désastre. Mon iPod, que j'ai laissé sur la table du salon tout à l'heure, se met à sonner. Un message! J'esquisse un geste pour me lever de table. Maman me fait les gros yeux.

— Deux secondes, s'il te plaît, juste pour regarder, déclaré-je avec mon plus beau sourire.

Le beurre dans le poêlon se met à crépiter. Je profite de l'inattention de ma mère pour me précipiter au salon. C'est Emma.

Emma

Mon déjeuner! 😛

La photo montre une montagne de fruits sur une gaufre recouverte d'une tonne de chocolat dégoulinant. Je regarde la crêpe noircie dans mon assiette, puis la photo. Pfff.

54

Un après-midi à l'aréna

Un peu de soleil, enfin ! Novembre est si pénible ! Je respire l'air qui sent les feuilles mouillées en boitant derrière Marguerite et Emma. Elles se tiennent par la main. Toutes les trente secondes, elles se disent qu'elles sont contentes de se voir. J'étais comme ça avec Marie-Jade, avant…

Les filles parlent aussi d'Océane qui s'ennuie sur la Côte-Nord, de Marilou qui en arrache avec ses cours d'anglais à Toronto. Ce sont les autres membres du Club des Girls. Je laisse Emma et Marguerite papoter ensemble. J'aurai tout l'après-midi pour leur faire la conversation. De toute façon, je suis trop préoccupée pour discuter. J'ai hâte de revoir Jacob ! J'ai peine à croire que je suis impatiente d'assister à une partie de hockey. Sam m'en parlera pendant cent ans…

Par pur réflexe, je tourne la tête en passant devant la maison de Marie-Jade. Celle-ci regarde par la fenêtre. Son visage paraît triste. Je poursuis ma route avec les filles qui rigolent. Je lance un dernier regard par-dessus mon épaule. Marie-Jade me suit des yeux.

C'est étrange, on dirait que la situation est inversée. Elle est seule alors que je sors avec des amies. Le bracelet mauve à mon poignet rappelle que je fais partie d'une gang. Bah ! Marie-Jade n'aura qu'à téléphoner à son Laurent ; il la consolera.

— Alors, Iris, il paraît qu'on va encourager un beau joueur de hockey?

Ramenant ses longs cheveux bruns derrière ses oreilles, Marguerite Lafleur ralentit le pas pour que je marche à leur hauteur, à Emma et elle. Le trottoir est étroit pour trois personnes et nos épaules se frappent les unes contre les autres. Mais ce n'est pas grave, car je suis bien avec ces filles-là. Et j'espère que Marie-Jade voit ça!

— Très, très beau! intervient Emma. Et il doit être drôlement dans les goûts d'Iris pour qu'elle veuille assister à une partie de hockey.

— Essaie de ne pas crier trop fort pour ne pas faire peur aux gens dans les gradins..., marmonne Marguerite à l'intention d'Emma.

— Quoi? Tu es du genre à crier? demandé-je à ma voisine, les yeux ronds.

J'ai toujours un peu honte des spectateurs qui hurlent leurs états d'âme.

— Mais non, elle exagère! réplique Emma.

— Attends de voir ça, Iris! s'exclame Marguerite.

Mmm! La bonne odeur d'aréna! C'est rare que je vienne ici sans mes patins, alors ça me fait tout drôle. Je donne mon deux dollars à la fille à l'entrée. La place est déjà remplie de parents et de grands-parents fébriles d'assister aux prouesses de leurs garçons ou de leurs petits-fils. Nous nous faufilons entre les papas qui gonflent le torse en parlant de leurs fils, les mamans qui courent après les petites sœurs et les petits frères des joueurs.

Emma parle fort pour couvrir le bruit ambiant:

— On va se trouver une place avant de manger!

On traverse du côté des gradins. Ça bourdonne ici aussi. Des adolescents qui se promènent avec des hot-dogs et des boissons gazeuses, il y en a à la tonne! J'ai faim. Quoi que je mange, ce sera meilleur que ma crêpe calcinée de ce matin.

On repère trois places dans la première rangée, juste devant la bande.

— C'est parfait! approuve Emma. On sera protégées par la vitre!

— Ici, on n'est pas dans la Ligue nationale, riposte Marguerite. Les lancers ne sont pas si dangereux.

— Pfff! As-tu oublié le genou d'Iris?

D'où nous sommes, nous pouvons voir les hockeyeurs entrer et sortir des vestiaires. Ils sont en train d'enfiler leur équipement. J'essaie de trouver Jacob dans le lot. J'aimerais lui faire un signe, lui montrer que je suis là. Ah! Le voilà! J'attends qu'il se tourne. Je me retiens de crier son nom...

— Bon, je vais laisser mon manteau ici pour montrer que ces places sont réservées, annonce Emma. Allons nous chercher des frites avant que le match commence.

Quand je regarde en direction des joueurs, Jacob a disparu.

55
GO, 87 !

Je manque de renverser ma *slush* au raisin quand la dame à côté de moi se lève en sifflant. Les joueurs sautent sur la patinoire un à un comme s'ils étaient des grands de la Ligue nationale. Ouf ! Heureusement, j'ai sauvé ma poutine. J'ai ajouté du ketchup sur le dessus : vraiment délicieux ! C'est Emma qui a payé. Elle m'a fait un clin d'œil et j'ai hoché la tête pour la remercier. Je lui en dois une !

— Iris, montre-moi vite ton joueur ! m'ordonne Marguerite.

Elle est belle, cette fille, même avec les doigts graisseux et la bouche pleine de frites.

— Ce n'est pas mon joueur, rectifié-je.

Jacob n'est pas difficile à repérer sur une patinoire. Je l'ai reconnu tout de suite. Il patine plus vite que les autres.

— C'est le numéro 87…, annoncé-je en le suivant des yeux.

Les filles sirotent leur *slush.* Elles ont l'air si sages. Mais les apparences sont souvent trompeuses…

— GO, 87 !

Emma reçoit une claque sur l'épaule. Jacob tourne la tête ; il fouille la foule du regard pour voir qui a crié son numéro. *Hé ! C'est nous !*

Emma agite les bras. Je prends une résolution: c'est la dernière fois que j'emmène mon amie au hockey.

— Il nous a vues! Allô!

Jacob sourit, puis il s'arrête devant nous en freinant d'un coup sec.

— Oh oui! s'extasie Emma. N'est-ce pas qu'il est beau?

Je suis gênée. Je veux me cacher sous un banc. Je suis sûrement aussi rouge que le ketchup sur ma poutine.

— Tu es venue voir une partie de hockey? s'étonne Jacob dont le sourire en coin est visible à travers la grille de son casque. Pourtant, tu détestes les «pousseux de rondelles»!

— Tu es parti trop vite hier. Je n'ai pas eu le temps de te remercier de ta présence.

— Finalement, vas-tu joindre la troupe?

Il ne s'y mettra pas, lui aussi! Emma passe son bras derrière Marguerite pour me toucher l'épaule.

— Tu vois, tout le monde le dit: il faut que tu continues à faire de l'impro!

On interpelle les joueurs pour le réchauffement et pour procéder à quelques tirs au filet avant le début de la partie. Jacob me lance un dernier regard au moment où un coéquipier frappe sa jambe avec son bâton pour le taquiner: «Allez! Cesse de reluquer les filles et travaille!» Le numéro 87 pivote sur lui-même pour aller rejoindre les autres.

— C'est vrai qu'il est beau! constate Marguerite quand Jacob est hors de portée de voix.

— Go, 87! crie Emma. Go! Go!

Ma gêne s'est transformée en honte! J'enfonce mon cou dans ma veste dans une vaine tentative de me cacher.

Marguerite me murmure à l'oreille:

— Je te l'avais dit qu'Emma n'était pas sortable!

— Bla-bla-bla! rouspète Emma qui l'a entendue. Je parie qu'il va marquer plein de buts parce que tu es là, Iris!

56

Tout un match !

Emma est un vrai paquet de nerfs. Assise sur le bout de son siège, elle frappe dans la vitre et crie des encouragements aux joueurs – ou des insultes aux arbitres. Marguerite suit la partie calmement en remuant le fond de sa *slush*, les pieds posés sur la bande. Moi, je suis attentivement le numéro 87. C'est très surprenant pour moi : je regarde une partie de hockey avec un grand intérêt. Je ne connais même pas les règlements. Le jeu est toujours arrêté, ce qui m'exaspère !

Jacob est rapide et précis. Il frappe et se fait frapper. C'est vraiment dangereux, le hockey ! Au premier entracte, c'est moi qui suis à bout de souffle. La marque est toujours de 0 à 0. Des parents qui prennent le jeu trop à cœur crient encore plus fort qu'Emma.

— Ouf ! C'est tout un match ! s'exclame mon amie.

Ah oui ? C'est tout un match ? Ça ne se passe pas toujours ainsi ?

— Je ne savais pas que tu aimais autant le hockey, Emma.

— Avec trois frères à la maison, je n'ai pas le choix. Hé ! On prend une photo !

Je suis étonnée qu'elle ait tenu si longtemps avant de sortir son iPod! On se colle. Sourires. Mon amie prend aussi une photo de sa *slush*, ce qui fait soupirer Marguerite. Je la trouve sympathique, cette fille.

— Donc, tu habites à l'Île-Ville, c'est ça ? lui demandé-je.

— Oui.

Cette localité est située à un peu plus d'une heure et demie de route de Drummondville. On passe toujours par là lorsque ma famille et moi allons voir le frère de ma mère à Trois-Perchaudes.

— Comment vont les jumeaux Côté? veut savoir Emma.

— Je m'avance sur mon siège pour mieux la voir. C'est qui, les jumeaux Côté ? m'enquiers-je.

— Olivier et Thomas, répond Emma. Tu sais, je t'ai parlé de Thomas…

— Ah ouais, ton ex!

— Ils vont bien, déclare Marguerite, l'air taquin. Toujours aussi détestables, ces deux-là !

Emma m'a déjà montré une photo d'eux. Des jumeaux identiques au regard malicieux. Une paire du tonnerre qui fait des mauvais coups à tout le monde! Je reporte mon attention sur Marguerite :

— Et toi, tu as un chum ?

— Ce n'est pas un chum, c'est un dieu! s'écrie Emma.

Marguerite aspire les dernières gouttes de sa *slush* avec un petit sourire.

— Oui, me répond-elle.

— Il s'appelle Mike Lambert ! précise Emma. C'est le *top* du *top*, le plus beau gars de la ville !

Mike Lambert… *Ce nom-là me dit quelque chose.*

— Il était au camp l'été dernier, non ?

Emma et Marguerite hochent la tête. Je me souviens de lui ; il est grand et a l'air mystérieux. Aussi, ses yeux sont d'une couleur identique aux miens et à ceux de mon frère. Cela m'avait frappée : je n'avais encore jamais vu personne avec les iris de ce bleu si particulier.

Lorsque les joueurs reviennent sur la patinoire après leur temps de pause, un son de trompette résonne juste derrière ma tête. Emma et Marguerite sursautent également. C'est un papa qui souffle dans un truc orange. C'est quoi l'idée ? *Ouille ! Mes pauvres oreilles !*

— Ah non ! grogne Marguerite en se levant. On ne va pas endurer ce bruit-là ! Je vais aller nous acheter des bonbons.

Jacob fait quelques tours de patinoire, puis il reste sur la glace pour la mise au jeu. Lorsqu'il reçoit la rondelle sur son bâton et déjoue tous les joueurs de l'équipe adverse en se rendant au filet, je n'entends même plus la trompette du papa derrière moi. De toute façon, Emma est survoltée et crie encore plus fort.

— ALLEZ ! GO !

La rondelle touche le poteau. Zut ! C'était si près ! Frustré, Jacob retourne au banc en secouant la tête. C'est sur ce même jeu que les visiteurs marquent leur premier but. Le papa souffle maintenant moins fort dans sa trompette…

Marguerite revient avec de la réglisse. C'est parfait ! Ça me fera quelque chose à mordiller. J'ignore pourquoi, mais je suis nerveuse. Je voudrais tellement que Jacob marque un but afin de célébrer avec lui ! Il était présent pour mon bon coup d'hier. J'aimerais qu'il vive son moment de gloire, lui aussi !

La partie de hockey me captive vraiment ; je n'en perds pas une minute. Si elle continue à taper comme ça dans la vitre, Emma aura mal aux mains. La rondelle se promène d'un bout à l'autre de la patinoire. Les joueurs sont en sueur. *Et nous aussi, à cause du stress !*

Il reste cinq minutes au tableau lorsque l'équipe adverse se mérite une pénalité pour avoir accroché. Emma place ses mains en porte-voix. *Merde, elle va encore gueuler !*

— C'est le temps de la mettre dedans ! Vous êtes capables, les gars ! GOOO !

Je trépigne sur ma chaise. Je pense que j'émets même des petits « hiii ! » et des « hooo ! » après chaque lancer sur le gardien. Une passe, deux passes… Boum ! Un tic-tac-toe parfait entre trois joueurs, et la rondelle se retrouve au fond du filet. Bras dans les airs, cris, bruit de trompette…

— Qui a marqué ? m'informé-je dans tout ce brouhaha.

— Le numéro 60 ! hurle Emma à mon oreille.

L'égalité vient d'être créée : c'est maintenant 1 à 1. Le jeu reprend.

— Mais qu'est-ce qu'il fait, le gardien ? paniqué-je.

Il se sauve ! Il se rue vers le banc !

— L'entraîneur le retire au profit d'un sixième joueur.

Ah bon!

Jacob a la rondelle. Il s'avance... Je ne serais d'aucune utilité, mais j'aurais le goût de sauter sur la glace pour l'aider! Oh! Ses pieds s'emmêlent dans un bâton. Il s'étale de tout son long et glisse jusqu'au gardien de l'autre équipe. C'est à mon tour de me lever pour crier:

— Hé! Il l'a fait tomber!

Marguerite et Emma me regardent comme si j'étais possédée. *OK, je me calme!*

— C'est vrai! dis-je plus doucement. Il l'a fait trébucher.

L'arbitre lève le bras.

— Il y aura un tir de pénalité, m'informe Emma.

Même si je suis nulle en hockey, je sais ce qu'est un tir de pénalité. Un joueur s'avance seul devant le gardien. Je cache mes yeux avec mes mains.

— Non, je ne veux pas voir ça!

Un coup de sifflet. Soudain, le silence règne dans l'aréna. Il reste peu de temps à la partie. Si Jacob marque, la victoire est presque assurée. J'écarte mes doigts, juste pour voir un peu...

Il s'avance avec grâce et fait une feinte, deux feintes... Et c'est le but! Tout le monde bondit, sauf moi, car Jacob s'est tourné dans ma direction à la seconde où la rondelle a atteint le fond du filet. Je lève mon pouce. Il l'a, son but! Wow! Ça me fait tout drôle en dedans. Je suis fière de lui! Mais je ne vais pas pleurer, quand même...

— Tu crois qu'il va faire comme dans les films et aller chercher la rondelle pour te la donner ? s'excite Emma.

Sans doute pas ! De toute façon, ce n'est pas important. Il a marqué un but, alors son père sera content ! C'est tout ce qui compte…

57

Foulard rose et brillants dans les cheveux

Marguerite est déjà partie. Triste séparation pour Emma et elle. Je me souviens, dans le temps, quand Marie-Jade allait passer plusieurs semaines, l'été, chez sa grand-mère. Elle et moi, nous avions de la difficulté à nous laisser, nous aussi : câlins, joues mouillées, promesse de s'écrire dans l'heure…

Là, je suis allongée sur le lit d'Emma. Elle est en train de vider toute sa garde-robe pour me trouver la tenue parfaite pour la fête chez Jo. Jo pour Jonathan, m'a appris mon frère. Mon amie possède tellement de vêtements – encore plus que Marie-Jade, qui serait jalouse, si elle voyait tout ça ! Ah ! Je pourrais prendre une photo et la mettre sur Facebook. Elle se mordrait les doigts devant tous ces bouts de tissu griffés.

Je pointe un t-shirt blanc.

— Celui-là, avec un foulard rose ?

Emma fouille dans la montagne de foulards colorés. Puis elle regarde l'ensemble d'un œil critique.

— C'est réservé.

— Oui. Ce sera parfait !

On n'est même pas officiellement invitées à cette fête, alors aussi bien nous montrer discrètes. Mon amie réfléchit, ce qui me fait toujours craindre le pire.

— J'ai un truc qu'on peut mettre dans les cheveux. Ça irait bien avec ta tenue.

Parfait, c'est réglé !

— Et il te faut un vernis avec des brillants ! s'exclame Emma.

Bon, du vernis, maintenant ! C'est beau sur des ongles longs, pas sur les miens qui sont à moitié grugés. *Bah ! Si ça lui fait plaisir, pourquoi pas ?*

— On peut aussi saupoudrer des brillants dans tes cheveux, ajoute mon amie qui se promène d'un bord à l'autre de la pièce.

Le simple fait de la suivre des yeux m'étourdit.

— Hé ! stop ! Je ne veux pas scintiller dans le noir !

— Mais non ! Je te promets que le résultat sera très beau. Allez, change-toi !

Euh… ici, devant elle ? Emma comprend mon malaise. Pas que j'aie des complexes, mais je suis pudique. Et mes sous-vêtements sont tellement laids…

— Je vais me retourner, formule-t-elle.

Je garde mon jeans, enfile le chandail d'Emma. Il sent le savon coûteux, pas celui en solde à la pharmacie qui vous bouche les narines à cause de son parfum désagréable.

Je me regarde dans le grand miroir. Le reflet de mon amie apparaît derrière moi.

— C'est super ! s'écrie-t-elle. Viens, je vais arranger tes cheveux.

Je m'assois sur le lit. Emma reste debout. Cette soirée m'énerve. J'ai hâte mais, en même temps, je me demande comment je réagirai devant Sandman.

Et il y a Jacob. Il est passé près de la bande après le match pour savoir si j'avais envie de manger un hot-dog avec lui. J'ai refusé parce que les filles étaient là et que nous devions nous préparer pour la fête. Il a eu l'air déçu.

— Euh… Iris…

J'attends la suite pendant qu'Emma tortille mes mèches de cheveux entre ses doigts. Je crois qu'elle me met des brillants pour vrai!

— Ton frère… euh…

Elle se tait encore. *Ish! Ça a l'air pénible.*

— Qu'est-ce que tu veux savoir au sujet de mon frère? S'il se lave, s'il fait des bruits de pet avec ses aisselles, s'il boit du lait à même le contenant? La réponse est oui à toutes ces questions!

— Nouille!

Quand Emma saute sur le lit pour me faire face, une mèche de cheveux rebondit dans mes yeux. Je souffle pour la dégager.

— Je veux surtout savoir s'il a une pancarte «Ne touche pas à mon frère» collée sur le front.

— Ah ça!…

Le suspense s'éternise. Je savoure ce moment de silence. Ça me fait plaisir de faire attendre Emma.

— Il a une pancarte «Je ne touche pas aux amies de ma sœur» accrochée au cou.

Emma baisse le regard sur ses mains. Elle joue avec une pince à cheveux. *OK, elle fait pitié.*

— MAIS…

Ma copine relève la tête.

— Sam te trouve pas mal *cool.* Je ne l'ai pas vu souvent comme ça.

Emma se laisse tomber sur le dos. J'ai le pressentiment que j'aurai bientôt un petit couple dans les pattes… Pourtant, il me semble que j'ai assez donné avec Marie-Jade et Laurent. Est-ce que je perdrai aussi ma nouvelle amie? Les garçons parviennent parfois à faire oublier à leurs blondes leurs amitiés…

— Sam est trop *hot*! s'émoustille Emma. Je n'ai jamais vu des yeux comme les siens. As-tu remarqué ses bras? Wow!

Je roule les yeux. Oui, il a de beaux bras, mais entendre Emma parler de mon frère de cette façon est vraiment trop bizarre. Je tire sur son poignet pour la sortir de ses rêveries.

— En attendant, il faut que tu te prépares si tu veux être belle!

— C'est vrai!

58
La fête chez Jo

Prêtes à partir, nous sommes plantées devant la porte comme deux écolières écoutant le discours de leur maman. «Non, on ne parlera pas aux étrangers.» «Oui, le frère d'Iris nous accompagne.» «Oui, on a de l'argent pour le retour.» «Oui, on rentrera avant vingt et une heures trente.» Comme de bonnes filles, nous ponctuons le tout de signes de tête.

Oui, nous sommes de bonnes filles. Nous voulons seulement voir Sandman, et ce, sans causer de problème. Et puisque Sam sera là, il ne peut rien nous arriver. C'est grâce à sa présence à la fête que ma mère a accepté de me laisser aller chez Jo. Celle d'Emma aussi, je crois.

On réussit à sortir de la maison des Nantel.

— Enfin! soupire Emma.

Nous traversons l'entrée, puis la rue jusque chez moi. Au moment où je m'apprête à ouvrir la porte, Emma plaque sa main sur mon avant-bras.

— Attends!

Je recule.

— Quoi?

— Est-ce que je suis correcte? me demande-t-elle en pointant ses cheveux.

— Mais oui ! Tu es parfaite.

Elle a même mis du mascara qui courbe ses cils et les fait paraître interminables.

— Tu es sûre ?

Emma manquerait-elle de confiance en elle ? C'est la première fois que je vois ça ! Pourtant, elle ressemble à une princesse.

— Je suis totalement sûre !

La porte s'ouvre. Sam apparaît.

— Allô…, balbutie Emma.

Je la comprends de bégayer : mon frère est vraiment beau. Un jeans, la chemise sortie du pantalon, une veste sous le bras. Ses cheveux pointent dans tous les sens. Il sourit à Emma, mais il s'adresse à moi.

— Marie-Jade a téléphoné. Son chum l'a laissée, elle pleurait… Je ne savais pas trop quoi lui dire. Elle voulait te voir.

Oh là là ! La connaissant, ce doit être la fin du monde ! En même temps, je suis un peu fâchée. Elle m'a mise de côté pour Laurent et là, parce qu'il est parti, elle se souvient de mon existence ? Je serais bonne pour la consoler ? Hé ! Je ne suis pas un jouet qu'on oublie sur une tablette quand ça fait notre affaire. Pas question de changer mes plans. En même temps, je ne veux pas complètement l'abandonner… Je sors mon iPod pour lui écrire un message. Pendant ce temps, Emma et Sam piétinent l'un en face de l'autre.

De : Iris Lépine
À : Marie-Jade Pelletier
Objet : ...

Salut!

Sam m'a fait le message pour toi et Laurent. C'est vraiment plate! On se parlera demain. Ce soir, j'ai une sortie.

Iris xxx

— Bon, allons-y! m'exclamé-je.

Je suis fébrile. J'ai tellement hâte de voir à quoi ressemble Sandman!

59

Sandman

Nous descendons à un arrêt d'autobus situé au coin d'une rue. Nous parcourons deux artères avant de voir une maison devant laquelle plusieurs voitures sont garées. On entend même la musique de l'extérieur. Sam marche à la droite d'Emma ; leurs bras se touchent. Ce soir, mon amie est trop silencieuse. Ça m'inquiète ! Je les suis en les observant. Ils feraient un beau couple.

— Tu l'as connu comment, ce Jo, au juste ? demandé-je à Sam.

Nous pénétrons dans la cour. La façade est en brique et a de très grandes fenêtres. Il y a beaucoup de monde dans la maison. L'air sûr de lui, Sam monte l'escalier.

— Il joue dans un groupe de musique, répond-il. C'est un maudit bon guitariste ! On aimerait jouer ensemble, un jour.

Mon frère est convaincu qu'il est le futur chanteur d'un groupe à succès comme Simple Plan !

— Et les autres ?

— Les autres ? Tous des fils de riches qui vont à l'école privée. Mais ils sont *cool.*

Il tourne la poignée de la porte et entre à l'intérieur comme s'il était chez lui. Aussitôt, on entend un cri :

— Hé ! Sammy Boy est là !

Mon frère reçoit des tapes sur les épaules. Il serre la main de gars visiblement heureux de le revoir. C'est déjà une petite vedette. Emma et moi le talonnons. Il nous présente à quelques garçons. Je scrute chaque visage. Parmi ces personnes se trouve peut-être Sandman. Comment faire pour savoir ? Soudain, j'ai une idée.

— Sam !

Mon frère se tourne. Je me rapproche pour lui parler dans tout ce bruit débordant de musique et de rires. Ça rit fort, des gars !

— As-tu déjà entendu parler d'un Sandman ?

Sam regarde autour de lui.

— Oui, mais je ne le vois pas. Il n'est pas encore arrivé.

C'était si simple ! Toute la semaine, je me suis posé des questions sur l'identité de ce Sandman, alors que mon frère le connaît ! Je rencontre Cédrick et Thierry. J'évite ce dernier quand je l'entends dire à Sam : « Ah ! C'est ta sœur ! » *Merde ! Il se souvient de mon message.* Je me dépêche d'aller retrouver Emma, qui discute déjà de mode avec une fille.

— Il ne nous reste plus qu'à attendre, maintenant ! soufflé-je à mon amie. Sandman n'est pas encore arrivé.

60

Des problèmes pour Jacob

Jacob tente de rester calme devant son père qui lit le journal. Étienne est bien le seul sur la terre à lire les nouvelles le soir alors que tous ses clients à la clinique lui ont déjà raconté l'actualité. Ça le détend, prétend-il…

— Papa, est-ce que tu m'écoutes ?

Étienne ne lève pas les yeux.

— Oui, je t'écoute, et ça fait trois fois que je te réponds non. Pas de sortie entre amis ce soir. Tu as un match demain matin.

Grrr ! Il doit trouver le moyen d'aller à la fête chez Jo. Pas qu'il aime particulièrement les soirées bruyantes avec beaucoup de monde, mais Cédrick a quelque chose pour lui. Et puis ça fait une semaine qu'il est enfermé entre quatre murs !

— J'ai marqué le but gagnant aujourd'hui. Ça mérite une petite récompense, non ?

— Si tu parles de ton iPod, oublie ça ! tranche son père. Tu l'as perdu pour longtemps.

Agité, Jacob fait quelques pas. *Il faut que je me ressaisisse.* Ça ne donne jamais rien de s'énerver contre Étienne.

— Je ne te demande pas grand-chose, seulement une petite demi-heure. Le temps de souhaiter bonne fête à Jo, de saluer mes amis et de revenir.

Son père referme son journal d'un coup sec. Quelques pages volent sur le sol.

— Tu oublies que tu étais suspendu de l'école, cette semaine ?

Jacob soupire. Comment aurait-il pu l'oublier ? Il avait fait une erreur ; il aurait dû se la fermer. Traiter un prof de sale con, ce n'était pas l'idée du siècle. Il avait murmuré, pourtant ! Mais monsieur Jacques a l'ouïe fine. Tant pis ! L'enseignant l'avait cherché en citant sa sœur en exemple.

— Alors, qu'en penses-tu, papa ? insiste Jacob, à bout de nerfs.

— C'est non !

61

Iris tourne en rond

L'heure passe. J'en ai marre de boire le petit jus à la fraise avec de la glace qu'on nous sert. Ce n'est pas très bon. Certains discutent fort, mangent des croustilles et des arachides. D'autres dansent au salon. J'ai perdu de vue Emma et Sam depuis un bon moment. J'adresse des sourires forcés à ceux qui me regardent et je fais semblant d'aimer la musique. De toute façon, impossible de danser avec mon genou handicapé.

C'est peine perdue : Sandman ne viendra pas…

Je ne sais pas quoi faire avec mon verre plein au contenu suret. *Ah tiens ! Voilà une plante.* Je verse l'affreux jus dans le pot. En me faufilant entre les adolescents pour trouver la salle de bain, je repère Emma et Sam assis dans l'escalier du sous-sol. Ils discutent… en souriant bêtement.

Ouf ! Ça me fait du bien de me retrouver loin du brouhaha. Entendre les rires et les cris en sourdine, c'est parfait pour moi. J'ai tellement chaud. Est-ce que j'avais mis du déodorant ? *J'espère que je ne pue pas la sueur !* Mes cheveux trop fins sont plats sur ma tête ; la coiffure d'Emma n'a pas tenu longtemps. J'ai même des brillants partout sur les épaules. Et sur le front, aussi. Je souris et pince mes joues pour leur donner de la couleur.

Je vais aller dire à Emma qu'on s'en va ! J'en ai marre de tourner en rond…

J'ouvre la porte de la salle de bain d'un geste déterminé. Pendant que je prenais mon temps, quelqu'un attendait de l'autre côté. C'est Jacob ! Nous sommes aussi surpris l'un que l'autre de nous voir !

62

Iris découvre la vérité

Des jeunes vont et viennent dans le couloir étroit. Je me retrouve collée contre Jacob sans le vouloir. Les cheveux qui retombent sur son front cachent un peu ses yeux. Je suis heureuse de le voir sourire.

— Je ne savais pas qu'on avait des amis communs ! dit-il, l'air joyeux.

Sa main touche mon coude.

— Ce sont surtout des amis de mon frère.

Jacob glisse les mains dans ses poches, puis il s'adosse au mur.

— C'était le *fun* que tu sois dans les gradins, cet après-midi.

— Tu as marqué tout un but ! m'écrié-je. As-tu pu récupérer ton iPod ? ajouté-je pour le taquiner.

— Non. Un but, ce n'est pas assez ! Il a même fallu que je saute de la fenêtre pour venir ici quelques minutes… Si je me fais prendre, c'est certain que je ne reverrai pas la couleur de mon iPod avant mes dix-huit ans !

Ouille ! Je comprends tellement ! Je n'ose même pas imaginer ma conséquence si je me sauvais par la fenêtre pour sortir sans la permission de ma mère ! Je ne perdrais pas seulement mon iPod !

— As-tu encore très mal à ton genou ? demande Jacob, l'air plus sérieux.

Je mens :

— Un peu…

En réalité, j'ai très mal et mon genou est de plus en plus bleu.

— J'espère que tu ne rateras pas des compétitions…

— Je l'espère aussi.

Un gars passe entre nous deux, ce qui nous force à nous éloigner. Ah ! c'est Jo…

— Hé ! Sandman ! Tu es enfin arrivé !

Je recule encore un peu. Puis je regarde celui qui secoue Jacob par les épaules tellement il est content de le voir. Comment a-t-il appelé mon compagnon ?

C'est une blague ? Non, il y a sûrement une erreur !

— Salut, *man* ! lance Jacob en souriant. Bonne fête !

C'est comme s'il y avait du vent dans ma tête. Je n'entends plus la musique ni les rires. Je regarde les deux garçons discuter. Ils sont de vieux amis, c'est évident.

Plusieurs éléments me reviennent à l'esprit : iPod confisqué, vit seul avec son père, sportif…

Jacob est Sandman ! Son iPod n'a pas été confisqué ; c'est moi qui l'ai ! L'appareil se trouve dans la poche arrière de mon pantalon ! J'essaie de réfléchir, mais tout se bouscule et je cherche mon air… Alors la sœur de Jacob est décédée ?

Et il échange des courriels avec une Céleste en France? *Oh my God!* Il habite dans ma rue! Comment est-ce possible qu'on ne se soit jamais vus?

— Ça va, Iris?

— Euh... Je dois partir!

— Déjà?

Je me retourne, fonce dans un mur, m'étale de tout mon long dans le corridor. Ouch! mon genou! J'essaie de me relever rapidement. Jacob est déjà à mes côtés. Il me tend la main pour m'aider à me remettre debout.

— Qu'est-ce qui t'arrive? As-tu vu un fantôme?

Oui, c'est presque ça! Jacob s'incline au-dessus de moi. Ses sourcils sont froncés, sa bouche est légèrement entrouverte – je remarque pour la première fois la ligne carrée de sa mâchoire. Je libère ma main de la sienne.

— Rien, ça va. On se verra à l'aréna!

Je le plante là. Je me sauve aussi vite que possible – ce qui veut dire très lentement. Emma et Sam sont toujours en pleine discussion. Je me jette sur eux, ce qui coupe leurs fous rires.

— Il faut partir!

Ils me regardent comme si j'étais une Martienne. Emma jetter un œil à sa montre.

— Le prochain autobus ne passe que dans vingt minutes.

— Il faut y aller MAIN-TE-NANT. J'ai... j'ai mal au ventre.

Jacob – Sandman – traverse la pièce dans notre direction.

— Viiite ! hurlé-je.

Tant pis si mon frère et Emma ne suivent pas. Je déguerpis !

Épilogue

Emma bougonne durant tout le trajet en autobus. J'ai interrompu sa romance avec mon frère et elle n'est pas contente. Je m'excuserai plus tard… Je ne pouvais pas rester à la même place que Jacob en sachant qu'il est Sandman. Qu'est-ce que j'aurais pu faire ? Lui sourire toute la soirée comme si de rien n'était ? Lui balancer la vérité en pleine face ? J'ai paniqué.

De retour à la maison, je claque la porte de ma chambre. Sam aussi est de mauvaise humeur.

— C'est toi qui as insisté pour venir à la fête ! me crie-t-il de la cuisine. C'est la dernière fois que je te sors !

Je m'effondre sur mon lit. Il s'est passé tellement de choses en peu de temps que je n'arrive pas à y croire. Jacob, le numéro 87, était si détestable depuis le début de l'année. Cette semaine, je l'ai découvert sous un autre jour. Et voilà maintenant qu'il est Sandman !

Je soulève mes fesses pour retirer l'iPod de ma poche. Donc cet appareil appartient à Jacob. Son père l'a vendu après le lui avoir confisqué. Je fais glisser mon doigt sur la vitre pour retrouver le dossier des photos. Sur quelques clichés, je reconnais Thierry et Cédrick. Je rapproche l'écran de mes yeux… Pas possible ! C'est bien un bout du visage de Sam que je vois là ? Pourquoi ne l'ai-je pas reconnu plus tôt ?

Je regarde ensuite les photos du dossier « Sister ». La fille est jolie. En l'observant bien, je distingue quelques ressemblances entre Jacob et elle : même nez droit, regard profond identique… C'est triste qu'elle soit décédée. Je me demande ce qui lui est arrivé. Il s'est passé un drame dans ma propre rue et je ne suis pas au courant ? Dans un courriel, Sandman a spécifié à Céleste que tout ça était sa faute. C'est peut-être plus grave que je le pense ? Et pourquoi était-il suspendu de l'école cette semaine ? Trop de questions tournent dans ma tête.

Peut-être que Sam en sait davantage ?

Une sonnerie me fait sursauter. C'est Emma sur Messenger. Elle est en furie !

Emma

JE SUIS FÂCHÉE ! Qu'est-ce qui t'a pris de partir en sauvage comme ça ?! C'était sérieux, ma discussion avec Sam !

Elle fait vraiment pitié, mon amie ! Elle a seulement à traverser la rue pour retrouver son Sam. Elle peut même lui écrire !

Iris

Je comprends que tu ne sois pas contente. Mais j'avais une bonne raison d'agir comme je l'ai fait.

Emma

Je te le souhaite !

Iris

Sandman = Jacob, le joueur de hockey qui porte le numéro 87.

Emma

OMG !

Voici un aperçu du prochain tome :

Aujourd'hui, j'ai recommencé à patiner après plus d'une semaine sans avoir mis les pieds à l'aréna. J'étais rouillée. Mon genou est encore un peu raide et, à moins d'un miracle, je ne pourrai probablement pas participer à la compétition à Terrebonne dans deux semaines. Ma mère sera dans tous ses états ! L'an dernier, j'avais gagné l'or…

J'ai la mine basse. Je rentre chez moi en faisant plusieurs détours. Je refuse de passer devant la maison de Jacob Cloutier. *Le fameux 432, rue des Coteaux.* J'évite ce garçon depuis que j'ai appris qu'il est Sandman et que l'iPod que j'ai reçu à mon anniversaire lui appartenait. Je sais bien que c'est une question de temps avant que je le revoie ; après tout, nous fréquentons assidûment tous les deux le même aréna. Miro, le gérant de l'endroit, m'a dit que Jacob s'inquiétait à mon sujet. La semaine dernière, je l'ai carrément planté là à la fête chez Jo ! Je me demande si son amie de France est chez lui. Il était prévu que Céleste vienne passer des vacances au Québec.

Par la fenêtre, je vois mon frère qui balaie le salon. Euh… Depuis quand Sam fait-il le ménage ? Il est arrivé quelque chose de grave !

Je monte l'escalier rapidement et entre en coup de vent dans la maison. Je ne prends pas la peine d'enlever mes bottes avant de foncer au salon.

— Raconte-moi tout, Sam. C'est quoi le drame ?

Mon frère grogne :

— Hé ! retourne sur le tapis, je viens de nettoyer ! On attend de la visite…

Le détecteur de fumée se met à hurler. *Bon, maman a encore fait brûler quelque chose !* Julie grimpe sur une chaise pour retirer la pile de l'avertisseur. Ça pue le sucre qui a collé. La cuisine est un vrai bordel. L'appareil finit par se taire.

— Enlève vite ton manteau et tes bottes, Iris ! lance ma mère. J'ai besoin d'aide.

— On attend qui ?

— J'ai invité un ami à souper !

Énervée, ma mère se remet à la préparation du dessert. J'ai l'impression qu'elle essaie de faire un pouding chômeur…

— Il va venir avec son fils, ajoute-t-elle, les deux mains dans la farine.

— Ah bon !

J'avale ma salive. Depuis notre naissance, à Sam et à moi, ma mère s'occupe de nous et travaille. C'est tout. Elle n'invite jamais personne à la maison. Je ne l'ai jamais vue avec un copain.

— Tu vas voir, Étienne est très gentil. Il est dentiste !

Elle a bien dit « Étienne » ? J'ai soudain très chaud à la nuque.

— Euh… Est-ce qu'il s'agit d'Étienne Cloutier ? soufflé-je.

— Exact ! Son fils joue au hockey. Tu le croises peut-être à l'aréna. Il s'appelle…

— Jacob !

Deviens membre du

Club des Girls !

Visite le site Internet de l'auteure pour t'inscrire et avoir accès à de l'information privilégiée sur ses séries :

catherinebourgault.com/jeunesse

Nom d'utilisateur : girls
Mot de passe : club4ever

Retrouve ta *gang* préférée :

Remerciements

Merci à mes boys : Sacha, Fabrice et Évance. Trois amours qui répètent l'expression « Oh my God ! » un peu trop souvent dans une journée !

Un merci spécial à Sara Hébert et Mara Lacelle, qui ont été les premières à lire le roman et à me donner leurs commentaires.

Merci à Marie Potvin, Pierrette Bernier et Josée Bellavance pour votre fidèle collaboration.

Daniel Bertrand, Robin Kowalczyk, Johanne Phaneuf et Marie-Michèle Martin, je vous adore.

Merci à toi, lectrice ou lecteur, de me suivre dans cette nouvelle aventure ! C'est avec grand plaisir qu'on retrouve ensemble les personnages du Club des Girls. Passe me dire bonjour au prochain salon du livre !

MARQUIS
Québec, Canada

She Should Talk